一気《イッキ》に読みたくなる本

幸神社の宮司が語る奇遇偶然奇蹟の実話集

幸神社
YukiJinja

幸運な偶然に導かれる幸神社から
あなたへと繋がる奇蹟!!

文芸社

一気に読みたくなる本　目次

一気に読みたくなる本

幸神社の宮司が語る奇遇偶然奇蹟の実話集

1　人よりも偶然が多いことに気づく

「偶然」という言葉があります。ご存じのように思いがけないことがたまたま起きるという意味で、それは誰にも起こりうることです。六十代の頃、もしかすると僕には、ほかの人よりも多くの偶然があるのではないかと思うようになりました。

そこで、ある宴席で出席者の皆さんに「偶然」をテーマにした体験談をお話しいただくことにしました。皆さんはどのような偶然を体験してこられたのだろうか。また、何度くらいそんな体験があるのだろうか。僕自身の〝偶然体験〟と比較してみたいと思ったからです。

ところが、ほとんどの皆さんがそんな体験談をお持ちではありませんでした。僕には多くの〝偶然体験〟があったので正直驚きました。どうして、僕だけがこれほど多くの〝偶然体験〟をしているのだろうか……。

これまで自分なりに正直に生き、他人に優しくすることを心がけ、社会の各方面に貢献してきたという自負はあります。そういうことの積み重ねが幸運な偶然を引き寄せたのかも……、と僕に都合のいいように解釈していました。しかし、偶然による幸運な体験は、したいと思ってもなかなかできるものではありません。

はたして僕は、これまでどんな幸運という名の偶然と遭遇したのか。まず、そのことを思い出し、書き留めてみようと思い立ちました。記憶をたどって昔の小さな偶然を探して記録するという作業は、ボケ防止に役立つかもしれないな、などと考えながら……。

これまでそんなことを考えたことさえなかったのに、どうしてこんなことを思いついてしまったのでしょうか。最初は面倒な作業に思えたのですが、実際に行動を起こしてみると、あれも偶然、これも偶然と思えることが次々に頭に浮かんできます。

それらを整理して書き起こすわけですが、これがまったく面倒ではなく、逆にわくわくするのです。これもまた一つの〝偶然体験〟なのかもしれません。

次に、なぜ僕はこれほどの偶然を体験することになったのか、そのことについても考察してみることにしました。そのことが直接の引き金になったわけではありませんが、結果的に僕は神社を創建することになりました。『幸《ゆき》神社』といいます。僕の周囲の人々は全員びっくりしていますが、僕にはこれまで特許を取得した発明品がいくつかありますが、神社を創建することになるとは、僕自身考えてもみなかったことです。僕は宗教とは無縁の人間です。しかし、信じている対象はいます。

本書はそんなことにも触れています。信じる、信じないはご自由です。僕の体験や発想が、あなたの幸せにつながればこれほどうれしいことはありません。

2　終戦で命拾い（母に聞いた話）

これは僕の母から聞いた話です。

昭和二十年、終戦の数カ月前のことです。僕と母は二人で満州（中国東北部）の奉天から母の故郷である大分県杵築《きつき》市へ帰省していました。しばらく杵築に滞在した後、満州へ帰ることになりました。それで、船の乗船切符を買おうと切符売り場に行くのですが、どういうわけか切符を手に入れることができません。困っていると「闇で切符が手に入る」という情報を母が耳にしました。そこで、情報提供者の知り合いにお金を託し、切符を手に入れてもらおうとお願いしたようですが、どうしても切符を手に入れることができませんでした。

そんなことをしているうちに、終戦を迎えてしまいました。戦争が終わったのなら、父もそのうち帰ってくるだろうと考えた母は、満州へ帰ることを諦めたそうです。満州には母の弟もいて、父の会社で働いていました。母は父同様に、叔父（母の弟）も元気で帰ってくる日を待っていました。

やがて、叔父が帰国。満州の我が家の様子や、父が亡くなったことを、母は叔父から聞かされたそうです。もしもあの時、船の切符が手に入って満州に帰ることができたとしたら、僕たち母子も死んでいたかもしれません。仮に生きていたとしても、引き揚げで大変な苦労を強いられたはずです。どうやっても船の乗船切符が手に入らなかったことについて、母はまわりの人から「(すでに亡くなっている母の父から)引き止められたんだよ」と言われたそうです。

3　いとこの中村勝美との出会い

いとこの中村勝美は、僕の母の姉の子（長男）で、僕よりも十五歳ほど年上になります。僕が小学校の終わりから中学校のはじめくらいの時、勝美は小さなエンジン付きの自転車で杵築の田舎できな粉を売ってまわっていました。しかし、その後、商売がうまくいかなかったのでしょう。どこか遠いところへ移っていったそうです。このことは叔父の家での大人同士の会話を聞くともなく聞いていたので知っていました。その後は一度たりとも会うことはありませんでした。

母方の親戚は少なく、いとこも少なかったため、僕は勝美のことを兄のように慕っていたのですが……。

それから数年が経ち、僕が株式会社尼崎製釘所（現在のアマテイ株式会社）で勤務していた昭和三十六年（一九六一年）九月頃のことです。いつものように寮の近くの駅から電車に乗って工場の近くの駅で降りました。駅前には数百人が往来していました。僕はその人ごみを縫うようにして工場へ向かっていました。その時です。向こうから自転車に乗って僕がいる方へやってくる人がいました。僕とすれ違う瞬間、なぜか僕の口から「勝ったん」という声が出ました。

そう、その人は僕のいとこの中村勝美だったのです。勝美はびっくりした様子で、自転車から飛び降りてきました。「どこにいるのか？」「なに！　尼崎製釘所に勤め始めたのか」

通勤途中のあわただしい中ではありましたが、僕も勝美の家の住所と電話番号を聞き出すことができました。

すると杭瀬《くいせ》という、二つくらい先の街に住んでいるみたいで、奥さん（礼子さん）と、一人の息子と三人で住んでいる遊びに来いと言われてその場は別れました。

後日連絡を取り合って家に行ってみる。四帖半の小さな部屋だった記憶しかないが……昔話やら、礼子さんの兄弟の話やらで……、大変御馳走になった記憶があるが……。

僕が大分に転職をして、結婚して、新婚旅行に、いとこ宅にも立ち寄り、その頃はだんだん、いとこも調子が良くなり、乗用車（日産ブルーバード）を買っていて、京都～琵琶湖までもドライブに連れて行ってくれた記憶がある。今はそのいとこも数年前に他界し（奥さん）は現在も大阪に住んでいます。

大変な偶然の一つでした。

あの時、僕が尼崎に就職して行かねば、逢えてなく、疎遠でいたのかもしれない……。

全くどこにいるのか知らないいいとこに偶然に会うなんて!!　一億二千万分の一の確率!!

天からのお告げで、全く知らない街で兄弟みたいに仲良くしてはどうだい、と問いかけられてるみたいでした!!

4　尼崎に就職した時の出来事

高校を卒業して岡山県備前市久々井《くぐい》にある帝国窯業㈱という会社に就職しました。この会社は耐火煉瓦を製造する会社です。仕事は手押しの一輪車（ネコ）で材料の土を運び、金型の中へ入れます。次にプレス機で押し固め、これを窯に入れて焼き固めます。

言葉にすると簡単そうですが、とても大変な肉体労働で大量の汗をかきます。その汗がズボンのベルトのまわりと靴下のゴムのところに流れ込み、タムシ（白癬《はくせん》）ができたこともあります。

それで半年で会社を辞め、先輩が就職していた兵庫県尼崎市の会社（㈱尼崎製釘所、現在のアマテイ㈱）に再就職を（先輩のツテで）お願いしました。

幸い採用となったので、会社へ行きました。住まいは会社の寮ですから、荷物を寮に運び込まなければなりません。その途中で、思いがけず母校（杵築中学）の同級生、中島正君と出会いました。なんと中島君も同じ会社に就職していたのです。このことについて、僕はまったく知りませんでした。話していると、さらに正君のお兄さんも同じ会社に勤めているということがわかりました。偶然の出会いです。

配属先はそれぞれ違いましたが、僕が配属されたところは、前職とは違う意味で大変なところでした。そこは仕事の関係で常に大きな音がする部署でした。耳にゴム栓をしていないと、大きな音で頭が変になりそうなほどでした。実際、隣で働いている人との話は、手話でなければ伝わらないのです。

結局、この会社も年末まで勤めて辞めました。

辞めた理由の一つは、母が住んでいる別府から朗報が入ってきたということもあります。別府の鶴見岳にロープウェイができるらしく、その会社の入社試験が二月にあるというのです。

これ幸いとばかりに、さっさと大分県へUターンしました。そして自動車学校へ通い、普通自動車免許を取得しました。

別府ロープウェイ株式会社の入社試験には百人くらいの受験者がいました。みんな高校を卒業する人ばかりです。僕はみんなよりも一歳年上になるわけです。受験の結果は合格。晴れて別府ロープウェイ株式会社に入社することができました。

それから二〜三年過ぎた頃のことです。尼崎製釘所で一緒だった中島君が別府の土産卸問屋に就職。別府ロープウェイで再会しました。

現在、中島君は福岡に住んでいますが、相変わらず交流があります。

尼崎に就職し、杵築中学校の同級生と再会する偶然、また別府での再度の出会い。

幼少時代の生活境遇がよく似ているから神様は二人を会わせるのか？　両方とも父親はなく、母親が旅館の仲居をして、育てられたという共通点があるからか。

神様から投げかけられた問題は、解けずじまいです。

5　別府ロープウェイ㈱に就職、初の大仕事

僕は高校卒業後、岡山県備前市の帝国窯業㈱に半年間勤め、その後、兵庫県尼崎市の㈱尼崎製釘所（現在のアマテイ㈱）を経て、母親がいる別府へと帰ってきたことは前にもお話ししました。

別府へ帰ってきたのはもう一つ理由があり、別府の鶴見岳にできるロープウェイの会社の就職試験を受験するためでした。入社試験は、近鉄百貨店の中ホールで行われました。受験者数は約百人でした。受験者は新卒者ばかりで三十人が採用されることを前もって知らされていました。

幸い僕はその三十人の合格者の一人となることができましたが、他は新卒者ばかりでした。

採用されたとはいうものの、すぐに仕事というわけではなく、まず技術・営業・ガイド・総務に割り振られました（僕は営業です）。

技術は建設現場と他のロープウェイに見習いとして出向。営業も三カ月程度、他社へ見習いのため出向させられました。やがて見習い期間が終了し、会社へ戻ってきましたが、現場はまだ建設中でした。

それで僕たち営業の男性三人は、ガイド文の作成を指示されました。そのため別府市内の観光地をはじめ、大分県内の観光地の見学に出かけました。また、定期観光バスにも乗り込み、バスガイドの案内に耳を傾けたりしました。さらに、ロープウェイが建設されている現場を歩いて、鉄塔四本（一号~四本）からはどのような風景が見えるかというメモを片手に泊まり込みの登山をしたこともあります。ほかにも鶴見岳の歴史や動植物のこと、火山のことなどについて大学教授などに聞いてまわり、それらの情報をまとめたガイド文をまとめて会社に提出しました。

このガイド文の作成は、グループ作業ではなく三人が個々に行うものでした。したがって、僕以外の二人がどのような文章をつくったのかはわかりません。

僕のガイド文は原稿用紙百枚は超えていたと思います。上司は三人からガイド文を受け取ると、専門家に渡して審査をお願いしました。僕たち三人に対しては「三人の中のどのガイド文が合格しているか楽しみにしておくように」ということでした。

ガイド文の提出から一～二カ月が過ぎた頃、新入社員が集められました。その場には会社の上役も同席していました。これからガイド文の合格者の発表が行われることになっているのです。無論、僕たちには誰が合格したのかは知らされていません。合格者の発表は、上役から名前を発表されるのではないようです。

僕たちの前には一台のテープレコーダーがありました。そのテープレコーダーには合格者のガイド文がナレーターによって朗読されたテープがセットされていました。

カチャッ。テープレコーダーのスイッチが入れられました。緊張の一瞬です。テープから音楽入りで女性の声が流れてきました。その出だしの文章が聞こえた瞬間です。僕は思わず「やった！」と叫んでしまいました。心の中で密かに予想していた通り、僕のガイド文が合格したのです。

それから五十数年。社会や時代の変化により、ガイド文の枝葉は変えられていますが、基本的な根幹は僕がつくったものが使われています。

末長く続く、ガイド文の採用は僕にとっては、大変な出来事で本格的な文章など書いたことのない僕の文が……。

なんと幸運と言うしかない、記念になる足跡となることをやってのけた嬉しさと、自信につながった大きな奇蹟としか言いようがありません。

6　我が妻との切っても切れない強いつながり

妻と結婚して約五十年が経ちます。

最初の出会いは、僕が別府ロープウェイ㈱に勤めるようになってすぐのことです。当時、会社のガイド文をつくるため、同僚たちと一緒に別府市内の地獄めぐりの実態調査を行っていました。そのため毎日のように地獄へ行っては定期観光バスや貸切バスなどでやってくる観光客の人数を調べていました。そんなことを続けているうちに、いつの間にかバスガイドさんと顔見知りになっていきました。

その流れで、バスガイドさんと一緒に喫茶店へ行き、お茶を飲む約束をしました。一対一では気恥ずかしいだろうと思って「同僚のガイドさんも誘うように」と言いました。もちろん、僕も同僚を誘おうと思っていました。今でいうWデートです。

当日、彼女は同僚と二人で喫茶店へやってきました。ところが、僕が誘った同僚がいつまで待ってもやってきません。結局、僕とガイドさん二人でお茶を飲みました。

次回の約束も取り付けましたが、やはり同僚は来ませんでした。やがて二人のガイドさんも一人となり、僕と一対一のデートということになりました。お察しの通り、その彼女が僕の妻です。やがて結婚しようということになり、僕の上司に仲人の労をとっていただきました。当時の僕は二十三歳。結婚式といっても小さなものでした。

結婚後、妻は荷物を僕が間借りしていた部屋に持ち込み、新生活をスタートしました。勤め先はそれまでのバス会社から僕と同じ近鉄グループの別府近鉄百貨店へ転職。そうこうしているうちに二～三年が過ぎました。

ある日のこと。僕は休日でしたが、妻は出勤という日がありました。何気なく妻の写真アルバムが目に留まりました。めくってみると、僕のアルバムに貼ってある一枚の集合写真が、妻のアルバムの中にも貼ってあるのです。

「ええ？」と思って、僕のアルバムを開いてみると同じ写真があります。「もしかすると、妻が写っているかも」と思い、集合写真に写っている一人一人の顔を見てみました。すると、バスガイドさん三人と一緒に写っているではありませんか。

僕は別府ロープウェイ㈱の研修生として、当時愛媛県松山市が所有する松山城山ロープウェイへ三カ月ほど研修に行っていたことがあります。その時に松山城山ロープウェイの女性職員さんと仲良くなりました。

その後、その女性職員さんが別府に遊びに来ました。当時、別府には納涼バスというものがあったので、松山からやってきた女性と納涼バスに乗り別府の街を案内しました。

納涼バスは別府市の鶴見岳南東側山腹にある志高湖に立ち寄りバス三台の、集合写真はそこで撮ったものです。妻がこの写真を持っているということは、妻は他のバスでガイドをしていたということでしょう。偶然とはいえ、まだ顔も名前も知らなかった頃から、僕たち夫婦はこんな形ですれ違っていたのでした。「親子は一世、夫婦は二世」と言いますが、僕たち夫婦は前世からの縁なのかもしれません。

これまで離婚騒動もあった僕たち夫婦ですが、結局は別れずに今も持ち堪えています。

後日談。妻は松山の女性のことを知りません。だから、写真に写っている僕と松山の彼女のことを見過ごしているのかもしれません。僕も妻にその話を言えずじまいで、その後もそのままになっていました。

最近になって改めて妻のアルバムを見ると、僕と松山の女性が写っている写真をハサミで切り抜き、他の写真と写真の間の飾りとして散りばめて貼っていました。

何故、二十三歳で彼女も二十三歳の早い結婚をしたかと申しますと、彼女の父親が病気

（肝硬変）で余命半年と言われ、県立病院に入院したことを僕の上司に相談したところ、急いで結婚式をすることに賛成していただき、話を取りまとめてくれました。

僕は父親に花嫁姿を早く見せてあげたい（死ぬ前に）病の父親の気持ちを考えてみますと（我が娘の嫁ぐ晴姿を、どんな気持ちで見るのだろうか？　自分は治らぬ病で式にも出席もできず、誰にも言えない淋しい気持ちを、どのように我慢するのだろうか？）、早く整理し、落ち着かせてあげたい、僕の気持ちは、ただそれだけのようでした。

式の準備は整い、当日、文金高島田姿の彼女と美容師さんとで、別府市から大分市にある県立病院まで、タクシーで行ってもらいました。

父親は、病室から一階のロビーまで、降りて待っていたらしい。待合室でお父さんにお別れの挨拶!!　県病のロビーは拍手が鳴り響いたそうです。

このようなエピソードの中に式は終わったんですが、この時点では、一枚の写真の中に知らない同士で、二人が写ってることなどは知る由もありません。

こうして、執筆をしながら自分自身を見つめてみますと、天からの指図で動かされているだけの使者にしか見えないような気がします。

7　発明仲間の後藤則明さんとの出会い

ＮＰＯ法人大分県発明研究会（現在は大分県発明協会分科会に名称変更し、大分県発明協会に吸収された）に、約二十年前の一九九八年頃、すごいアイデアマンが入会してきました。

自己紹介の時、彼は「大分市で焼肉店『ピーコック』を自営しています」と言ったので、すかさず僕が「勧銀（旧第一勧銀、現在のみずほ銀行大分支店）の前の二階？」と尋ねました。すると彼はにっこりと笑顔で頷きました。

なぜ、僕がそのお店のことを知っていたのかというと、『ピーコック』の前の経営者・藤堂さんを知っていたからです。藤堂さんは僕と一緒に別府ロープウェイ㈱で働いていた人で、別府ロープウェイ㈱がドライブイン（鶴見岳山麓）を経営していた頃、僕がそのドライブインの責任者を務め、藤堂さんが厨房の責任者を務めていたことがあるからです。

藤堂さんはやがて会社を辞めて焼肉店を開業。僕も同時期に会社を辞め、食品の卸業を始めました。そんなわけで『ピーコック』へ取り引きをお願いに行ったことがあり、お店の場所を知っていたわけです。

よく考えてみると、後藤則明さんのことをどこかでお見かけしたような気がします。それで『ピーコック』を始める前は「何をしていたのですか?」と尋ねてみました。すると「レストランいこいに、コックとして勤めていました」との答え。それでわかりました。僕は大分や別府のレストランをまわっては営業していたことがあるので、その時にお見かけしたようです。

そんな人と発明研究会で再びめぐりあうことになろうとは、びっくりでした。しかも『ピーコック』とも縁があるとは!

僕と後藤さんのつながりは、もしかすると天のシナリオなのかもしれません。

8　柿の木で九死に一生を得る

昔、我が家の庭の片隅に柿の木を植えたことがあります。渋柿だったので接《つ》ぎ木をしようと試みたことがありますが、結果的にうまくいきませんでした。

柿の木は次第に大きくなり、自宅の一階の屋根まで達するほどになりました。さらに、横にも広がって道路にはみ出すほどに成長しました。

この先の成長を考えると持て余してしまうことは確実です。そうなる前に処分してしまおうと考えました。当時の柿の木の太さは直径で七センチくらい。そこで地上一メートルくらいでノコで切り倒したが、この一メートルくらいの残った木この程度なら、根元から折ることもできそうな気がしました。

そこで、力ずくで柿の木を弓のように曲げて体重をかけてへし折ろうとしました。その時です。

何かのはずみで柿の木が手から離れてしまいました。単に離れただけなら良かったのですが、元の状態に戻ろうとした柿の木が僕の腹部に直激してしまいました。野球のバットで殴られたような激痛が走り、気が遠くなりそうでした。幸い出血はなく、しばらくして僕も立ち上がることができました。

不幸中の幸いでした。外傷もなく内臓にも影響がないようでした。もしもあの時、当たりどころが悪かったら、あるいは柿の木の元に戻ろうとする力に押され、腹が破れ内臓が飛び出したり転んで頭を打っていたら……。今、思い出しても身震いするほどです。偶然といえば偶然でしょうが、何か目に見えない力が僕を守ってくれたのかもしれません。

9　お化け屋敷から本業へ

昭和四十六年（一九七一年）の夏。友人二人と国東半島の奈多海水浴場で、お化け屋敷を手づくりしました。

お化けはマネキン屋さんで不要の顔とヘアーピースを三〜四個をいただき、山からカズラを切り出して砂地に丸太で骨組みをつくり、間仕切りはベニヤ板や古い毛布を利用しました。また、古ぼけた障子や襖《ふすま》などを田舎へ行って集めました。これらの材料を利用してお化け屋敷をつくったわけです。

当時は珍しさも手伝って、キャンプ客や海水浴客がたくさん入場してくれました。二年連続の設営で、アルバイトも入れましたが、どちらも黒字でした。

やがて大手デパートからお化け屋敷を受注。駐車場のそばにつくったお化け屋敷も成功裏に終わりました。

こういうこともあり、昭和四十七年（一九七二年）に株式会社ユキ商事を設立。お化け屋敷から遊園地の中のゲームギャラリーなどを手がけるようになりました。

同時に、アイデアマンを集めようと、発明研究会を創立したのもこの頃です。すると、我が社はアイデアを売り物にする会社、と世間から思われるようになりました。さらに某遊園地から「ここに空きスペースがあるが、何か良いアイデアはないか」と打診されるようにもなりました。

現在は息子が後を継ぎ、その息子が不動産業の免許も取得したことで、土地の斡旋から建築に至るまで一貫して取り組んでいますが、その出発はお化け屋敷だったのです。

お化け屋敷をつくる会社という存在は非常に珍しく、九州では二社しかないと平成のはじめの頃は言われていました。

最初は遊び心でつくったお化け屋敷が、やがて本業になるとは思ってもいないことでした。

あの時、海水浴場でお化け屋敷をしていなかったら、その後僕は何をしていたでしょうか？

10　同級生・新庄清弘君との出会い

僕は大分市で『株式会社ユキ商事』を経営する前、別府市にある鶴見岳（標高千三百七十四・五メートル）の山麓と山頂とを結ぶロープウェイを運行する『別府ロープウェイ株式会社』に勤務していたことがあります。

一九七一年（昭和四十六年）、僕は自分で商売を始めてみたいと考え同社を退職しました。たまたま知り合いが内装業を手がけていたので、ここで仕事の手伝いをすることにしました。仕事の内容はクロス、じゅうたん、カーテンなどの営業をはじめ、施工を担当する職人の見習いまで何でもやりました。

サラリーマン時代は一般の人が休む盆や正月が業務繁多な時期でした。そんな生活が十年ほど続いたものですから、盆や正月に休むとどうにも落ち着きません。

そこで、あることを思いつきました。それは正月に、八幡神社の総本宮である宇佐神宮（宇佐市）に店（露店）を出そうという計画です。僕はさっそく活動を始めました。すると、ある人から露天商の人を紹介されました。この露天商の人のコネで露店が並ぶ列の一番端にスペースをいただいて、一本歯の下駄や額縁水槽などを販売してみました。しかし、結果的には失敗でした。失敗ではありましたが、店を出す場所がとても重要であることを学びました。

二年目の正月は、前回よりもやや良い場所に店を出すことができました。今度は寒い時期であることに着眼して、温かい甘酒を販売してみました。現在では甘酒の販売は珍しいことではありませんが、当時は誰一人として甘酒を売っている人はいませんでした。正月の宇佐神宮の参道には、初詣客をめあてにした露店が百店舗以上並びます。しかし、どの店にも甘酒はなかったので甘酒の看板が目立ち、売れ行きも好調でした。

三年目のお正月。甘酒が売れることに注目した同業者十店以上が、甘酒を販売するようになりました。

そこで四年目のお正月は、甘酒に加えてコーヒーも一緒に販売してみました。なぜ、コーヒーの販売を思いついたかというと、それは次のような理由からです。家族そろっての初詣で、甘酒を飲みたいと思うのはほとんどが女性です。一方、男性はというと女性が甘酒を飲み終わるまで待つか、先にお詣りに行くために歩き出すかです。そこで男性を対象にしてコーヒーを販売することにしたのです。すると、売上げが前回の倍になりました。他店は依然として甘酒のみの販売に終始していました。

その初詣客の中に、高校時代の同級生である新庄清弘君のご一家がいました。声をかけると、驚きと憐れみが一緒になったような顔で僕を見つめています。そして「どうしたんか？」と一言。正月早々働いている僕の姿を見て、心配してくれたようです。新庄君はコーヒーと甘酒を注文してくれ、僕が露店をやっている経緯を聞いてくれました。その頃、僕はすでに『ユキ商事』を起業していて、正月が終わればまた内装や看板の仕事に戻るという話をしました。それで、彼は少し安心したようでした。

正月が終わり、新庄君からいただいた名刺を頼りに、彼が勤務する九州でも大手の広告代理店の大分支社へ挨拶に行きました。すると、さっそく仕事の依頼をいただきました。新庄君は大分支社で制作部門のトップ（ディレクター）だったので、彼の裁量で看板関係の仕事をいただくことができたのです。当時の『ユキ商事』は起業してまだ数年の社歴。売上げ的にも決して順調というわけではありませんでした。そんな折りの新庄君との出会いでした。彼との出会いにより『ユキ商事』の売上げはそれまでの倍となり、経営もスムーズなものになったことは言うまでもありません。

宇佐神宮の社地での偶然の出会い。それまでも多くの人との偶然の再会があったことは前述のとおりです。しかし、新庄君との再会は宇佐神宮という場所柄もあり、特別不思議な体験であったような気がします。

11　売掛金の集金先での偶然

我が社（ユキ商事）の社員が設計士から仕事をもらってきたことは僕も知っている。集金時期になって、まだ、未収!!　社員が二～三回は行ったが、二カ月、三カ月と延ばすために未収です!!

今後、僕が住所を聞き、集金に行ってみることにしました。大分市内で車が入れるような場所でなく家が密に接近され、となりの軒と軒が重なる背戸があり、背戸を通り奥の方が玄関になっている長屋式の建物であった。玄関に辿り着く、手前が炊事場のようで、窓は格子が取り付けられて水道を流しながらお茶碗を洗う音がする。すると、一段高い格子窓から、昔のサラリーマン時代の部下の女の子（M子）苗字は思い出せないが、格子から僕を見る目と、路地を歩く僕の目が合いました。

窓越しで挨拶はできないため、玄関に回り、ごめんください!!　と声を出す。

しかし誰も出てこない!!　二～三回、ごめんくださいと声を出すと、中から設計士が出てきました。もうちょっと待ってください、と次回の集金日を約束してもらい帰ることにしたが、奥にいる奥さんは玄関には出てこず……、僕もそのまま退散しました。次の月、またその次の月と集金に行くが、どうしてもくれない。月日が流れると僕も、集金に行くことすら忘れて、台帳には売掛金に、一年以上残ったままんまでした。

僕の自宅が別府で孫（小六年）の運動会がありました。僕の長男夫婦も当然来て応援をして居た。運動場は校舎から低くなっているため雛壇になっている所から、ロープで仕切られ、町名別に場所が分けられ、ＰＴＡの人々で混乱していました。僕は上の最上段から見物!!

すると、ロープで仕切られた隣の席のやはり上段に近い所に、集金先の設計士と、旧部下だった女性（奥さんになっている）が運動会を見に来ていました。早速僕は、近づいて、声をかけると、奥さんは僕に頭を少し下げただけで、話もしない。設計士と一番上の段でまた集金の話を……。

大分市から、わざわざ別府の運動会に来たが、僕と偶然に会う!! 運の悪さ!!

少し可愛想に思えましたが……。

天は徹底的に集金しなさいと、僕に言っているのだろうか？

そのまた一年後くらいになるが、家内を連れて関西汽船で大阪へ。船は別府を夕方出航して、朝大阪に着く大変便利な船である。夫婦で船内の食堂へ。すると、僕たちの座った席の前で、二、三人の女性同士のグループ旅行か？　……ワイワイと騒ぐ、その内の一人が、設計士の奥さんである。僕から声をかけると気まずそうに、私、あの人と別れたんよ‼　と、笑顔で……。

僕と一、二分話しました。

あの時の沈んだ顔でなく、ほんとに、笑顔で、楽しそうでした。

ああ‼　これも、人生の流れる風景物語か？

いろんな人生があるんだなーと思い知らされた、偶然でありました。

人にお金を貸して返してもらえないことは、忘れません。他人様より聞くのに、借りた方は忘れる人が多い。僕も、他人から借りて忘れてはいないだろうか？　一瞬頭を過《よぎ》ります。

12　高校三年生、最後の彼女との再会

高校三年生の運動会が終わって。

僕が赤組の応援団副団長になり、みんなを、引っぱるおもしろさを味わいました。団長は、名ばかり（飾置き物的）で、副団長の僕が、いろんなアイデアを出し、団員全員に僕が決めたことを手伝ってもらい、運動会を盛り上げた。応援合戦があり、白組と比べ物にならないくらいの出し物であった。その結果赤組が優勝した。全ての競技でも赤組が成績は良かった記憶があります。

一役、ヒーローになったようで、他のクラスの前を通ると、奥の方で騒いでいた記憶があります。その頃ファンレターが十通くらい届き、その中から、選んで好みの女性へ返事をする作業を、友人たちと手紙を見せ合って、女性を決めた!!

その時から始まった交際（一年生の女の子）で、かわいらしかった記憶!!　彼女の自宅に案内されて行ったこともあります。

まだ高校生ですので、女の子の手も握りきらない時代。

僕は大学に行くお金がなく、就職組でしたので、三月くらいから、就職先に見学等で忙しかった記憶。彼女のお母さんにも紹介されていたが、その後は何も記憶はありません。

話は変わるが、現在僕は大分県別府市に住んでいて、別府は、我々の町内でお金を出し合い温泉場（共同温泉）が数多く建てられています。

共同温泉で近所の人々と風呂場では、裸の付き合いです。みんな知り合い、友達になります。いつも僕と同じ時間帯に風呂にはいる人の中で、あなたは何の仕事を、と聞き合ったり話題を見つけて、風呂に入る二、三十分の付き合いです。

我が所の風呂は、山手から来る人、下手から来る人の二通りの道があり、また、今日も僕と同じくらいの時間に来る人が上手から、僕は下手から妻と風呂場へ。笑顔での挨拶、その彼も奥さんと一緒に……入口は、男湯、女湯と分かれていて、その彼が男の入口へ、僕も行こうと、その人の奥さんの顔を見たら、高校三年生の卒業前の彼女で、その彼女も気づいているが、僕の後から、妻が来ているため、話もできず、苦笑いをしながら、目で挨拶。

我が妻も、そんなことなど、全く知らずに、女同士の裸の付き合い。

その後、半年くらいは、そのような状態が続いたと思うが、いつの間にか、その夫婦と風呂で会わなくなりました。

どこかへ引越したのか、病気か？　気にもしながら、忘れていました。

僕は、何かの宴会があり、二次会でスナックへ、三、四人で行きました。その店のママさんが杵築出身の人で○○姓、もしかしたらと思い、妹さんがいませんか？　いるよ!!　○○子というんじゃ？　ああ知り合いだったの……。

昔話を姉さんに話すと、妹は夫と別れて神戸に行ってるよ!!　と教えてくれました。

それ以上聞きもしなかったが、またそのスナックに行くチャンスが半年後くらい過ぎてありました。

また、妹さんは、お元気ですか？　と尋ね……、「病死したんヨ!!」の返事。

変なめぐり合わせの奇遇偶然だろう。考えさせられた話です。神様もいじわるな、出会いの偶然を、いたずらにもほどがありますよね!!

13　江川徹さんとの再会

僕が十九歳か二十歳の頃のことです。別府ロープウェイ㈱の同僚たちと別府の街を遊んで回っていました。その別府の街でも観光客が多い場所に別府タワーが立っていて、昼間は団体客などで賑わっていました。一階の入り口近くにはゲームコーナーがあり、いろいろなゲームがそろっていました。例えばコルク銃で景品を撃ち落とすもの。あるいは噴水を一列に並べ、その上でピンポン玉を上下させこれをコルク銃で撃ち落とすものなど、たくさんのゲームがありました。

このゲームコーナーを経営していた人が江川徹さんです。僕は二〜三日置きに遊びに行っていたこともあり、江川さんから友達のように遊び方を教わっていました。

しかし、一〜二年を過ぎると彼女ができたこともあり、遊び方が映画、ダンス、喫茶店めぐりへと変化して行きました。そんなわけで別府タワーからも足が遠のき、数年に一度しか江川さんには会わないようになりました。

その後、僕の母が建てた家に二十三歳で住むようになり、新婚生活をスタートさせました。その後、別府ロープウェイ㈱を辞職。起業して内装や広告看板を手がける仕事を始めました。ちょうどその頃、久しぶりに江川さんとばったり再会しました。話してみると、江川さんは僕の家のすぐ近く（直線なら百メートル程度）に住んでいるということでした。仕事は以前と同じゲームセンターの経営でしたが、場所は別府タワーではなく、テーマパークの城島後楽園ゆうえんち（現在の城島高原パーク）でした。

その後、家が近いこともあり、再び付き合いが再開しました。その頃、僕は大分県内全域の発明好きな人を集め、発明研究会をつくっていました。

内装や広告看板の仕事は、ほかにはない新しい感覚が要求される仕事です。そのためには頭を常に活性化しておかなければなりません。発明研究会はそのためのトレーニングの場でもあったのです。

江川さんもゲームセンターを経営していることもあり、いつも新しい遊びのアイデアを求めていました。

ゲームセンターに空きスペースがあれば「何かアイデアはないか？」と相談されたこともあり、いろいろなアイデアを出しては形にしていきました。数年後には城島後楽園ゆうえんちの空きスペースを見つけては、城島後楽園ゆうえんちの経営者に許可をもらい商圏を拡大していきました。

数にすれば二十～三十軒ほど。内容はゲームだけではなく、ファストフードや和風レストラン、ソーメン流しなど多岐にわたりました。

僕は江川さんに育てられたようなもので、いつの間にか他のテーマパークや観光施設からも注文をいただくまでになりました。そして、ついには東京の後楽園ゆうえんち（現在の東京ドームシティアトラクションズ）からもお化け屋敷の仕事を受注するまでになりました。

江川さんには本当の弟のようにかわいがってもらいました。その江川さんがある日の夕方、我が家へやってきました。内容は「発明に関する話（講演）をしてほしい」というものでした。

僕が主催する小さな発明研究会の中で、僕は常に先頭に立ってメンバーを引っ張ってきたという自負はありましたが、講演については経験がありませんでした。江川さんから詳しい話を聞くと「宗教関係の大きな集まりが三カ月後」にあり「その中の一時間半を使って講演してほしい」ということでした。講演などしたことがない僕にとっては大変な依頼です。逡巡《しゅんじゅん》していると、江川さんから「頑張れ!!」と檄を飛ばされました。それは、兄貴分からの命令だったといっても過言ではありませんでした。

講演などしたことがない僕にとっては、考えただけで胸がドキドキするようなことでした。しかし、そういうお話をいただいたことは僕自身の貴重な経験になることです。さっそく台本づくりに取りかかりました。仕事の合間の作業ですから、完成までに二カ月間かかりました。

次に、台本を読みながら一時間半はどのくらいの時間かという練習をしました。発明に関する話といっても堅苦しい話ではすぐに飽きられてしまうでしょう。笑い話や発明で失敗した人の悲しい話も織り交ぜながら台本を書き直すなど、大きなエネルギーを注ぎました。

そして、ついに迎えた本番当日。場所が別府市から車で一時間くらいの豊後高田市でしたから、江川さんが我が家へ車で迎えに来てくれて、一台の車で一緒に会場へと向かいました。

会場では司会者から紹介されて演台へ。聴衆は五十人ほどでした。僕は練習した内容をゆっくり話し始めました。しっかり練習をしたためでしょうか、僕の心にもゆとりが生まれました。聴衆の誰もが僕の話に真剣に耳を傾けてくれています。その様子が僕の心に火をつけ、あっという間に一時間半が過ぎていきました。話が終わると大きな拍手、質問まで受け、大成功で僕の講演は終わりました。

その後も講演の依頼をポツポツといただくようになりました。

これも今は亡き江川さんが僕を追い込んでくれたお陰。僕にとっても人生のエポックメーキングな出来事でした。江川さんにはいつも手を合わせていますが、江川さんがあの世で笑っている姿が見えるような気がします。

江川さんの話をもう少し続けます。考えてみれば江川さんとは仕事面だけでなく、趣味でも気が合いました。例えばカラオケや二十七年間続けた詩吟など、どこに行くのも一緒でした。

江川さんが体調を崩し、病院の入退院を繰り返すようになると、仕事も思うようにできなくなっていきました。病名は手術が難しいとされる胆管癌でした。

残りの人生を今までできなかったことも含めて二人でやってみようと盛り上がり、大分県内の田舎めぐりなどを始めた頃でした。二人でいろいろな思い出をつくりましたが、結局ガンには勝てず他界されました。江川さんは僕よりも四歳上でした。

一人になってしまった僕ですが、まだまだ僕には多くの偶然の出来事が続いています。そのことを江川さんに報告したいと思っていますが、この世にはすでに彼の姿はなく……。時々「なぜ一人で早く逝ってしまったのか！」と怒りたくなる日もあります。

江川さんとの出会いは、今にして思えば必然のような気がしてなりません。残りの話も僕があの世へ行く時のお土産として、ノートに記録しておくようにしています。

14　万遊会で韓国旅行の帰りのこと

一九八七年（昭和六十二年）くらいのことです。別府市亀川にある児玉病院の事務長を筆頭に、異業種交流会「万遊会」を毎月一回開催していました。会員は気心が知れた人たちです。

ある時、メンバーの六～七人で韓国へ二泊三日の旅行に出かけることになりました。若気の至りというか、全員が全員とも旅先で持ってきたお金を使い果たしてしまいました。韓国から福岡まではなんとかなりましたが、福岡から別府までの電車賃が足りません。それでどうするかを皆で話し合い、入場券で改札を抜けて特急列車に乗車。別府に着いたらお金を家族の誰かに頼んで持ってきてもらおうということになりました。「これはグッドアイデア！」とばかりに気が大きくなり、特急のグリーン車に堂々と乗り込みました。

当時の特急は、博多～別府間が二時間三十分くらいかかったと思います。この間に、車掌さんが切符の確認にやってきます。僕たちが乗った特急でも発車後十分くらいで、車掌さんがやってきました。メンバー全員が顔をこわばらせ、隣同士の配置で座っていました。絶対絶命のピンチです。

もちろん、僕もそうでした。緊張しながらも車掌さんの顔を見つめました。するとと、奇蹟が起こりました。その車掌さんは僕が知っている人というか、僕の親戚（家内の叔父に当たる人）だったのです。これまで私服姿しか見たことがなく、制服に身を包んだ姿を見るのは初めてでしたが、叔父さんに間違いありません。「よかった！」全身が安心感で満たされました。

事と次第によっては、次の駅で強制的に下車させられても文句が言えないところ。それが一転して、不足分を叔父が立て替えてくれたのです。

散財した韓国旅行はそれなりに楽しかったはずですが、旅行中の記憶はなく、覚えているのはその部分だけです。

この偶然は、僕の家内の父（二十二年前没）が、天界から〝バカ者たちよ、恥を知れ‼〟と、家内の（母の弟）叔父を我々の列車に車掌として、乗車させたとしか考えられません。

僕にとっては、すごい偶然です（全員を一度に救えるなんて‼）。

切符のない大人たち約六～七人が、別府駅に降ろされてそれぞれの家族に電話をし、お金を別府駅に届けてもらう光景が目に浮かびます。それをしなくて済んだのだから!!　すごい。

僕も若くて四十五歳くらいです。その友達も大差はない人ばかり。

この件に関してものすごい偶然だなーと、その時は誰一人も口にしてくれなかったような記憶です。

若かったんですねー。

15　ＹＭさんのこと

別府ロープウェイ㈱が開業して間もない頃のことです。ＹＭさんというかわいい娘が、売店の売り子として勤めていました。

彼女には恋人がいたようなので、僕も含めて職場の若い男性の誰もがちょっかいを出さなかったようでした。まあ、時々立ち話をする程度の間柄でした。その立ち話の中で、出身は大分市米良だと彼女が話していたように思います。

その後、彼女は別府ロープウェイに二～三年ほど勤めて退職したようで、いつの間にか姿が見えないようになっていました。一方、僕も十年ほどで別府ロープウェイを退職。大分市で㈱ユキ商事を立ち上げました。それから十四～十五年くらい過ぎた頃、仕事で大分市米良のＹＭ邸を訪れることになりました。

先方のご主人と話している途中で、ＹＭさんのことを思い出しました。それでＹＭ邸のご主人に話してみたところ「うちの娘です」とのこと。びっくりしました。二十五年くらい会っていなかったので「今はどちらにお住まいですか」と聞いてみたところ「大分市富士見が丘に嫁いでいます」との返事でした。

神様が奇跡を起こすのなら、これはどういう意味を持っているのでしょうか。未だにその謎は解けていません。別に意味はないのかも？

16　十円玉の運命的な威力のすごさ
――行方不明の弟を十円玉一つで発見

僕には父親が違う五歳違いの弟がいます。僕が十歳の時、その弟の政雄が突然姿を消してしまいました。今回のお話はその時の様子からです。

当時、母親と僕、弟の三人は別府市内の民家の一室を間借りして暮らしていました。母は『料亭なるみ』で仲居をしながら、僕と弟を育てていたのです。

僕は朝学校へ行き、母は昼過ぎまで弟の世話をして仕事へ出かけます。代わって僕が午後三時になって自宅へ戻り、弟の面倒を見るという毎日です。母は仲居なので当然、帰りは深夜十二時頃。

こんな生活なので僕が学校から帰ると、弟は僕から離れようとはしません。何をするのも一緒です。夜になると円卓を隅に押しやり、布団を広げて弟と一緒に寝ます。

一寝入りした頃、母の下駄の音が遠くから聞こえます。やがて、玄関を開ける音がし、部屋に入ってくると僕たちを上から覗き込みます。僕が薄眼を開けて様子をうかがっていることに気づくと「まだ起きてるの？　早く寝なさい」という声が聞こえ、この声で僕は深い眠りに入ります。

朝は僕が最初に起きます。朝ごはんを炊くのは僕の仕事だからです。七輪にまず紙を押し込み、二十センチくらいに折った竹を広げて置きます。竹を使うのは、別府が竹細工が盛んだったからです。竹細工は竹をすべて使うわけではなく、利用しない部分もあります。この利用しない部分は無料で譲り受けることができました。七輪に竹を置くと火をつけます。すると竹が燃え上がり始めますから、この時に炭を四～五個置くと炭に火がつきます。次に鍋で米を研ぎ、僕の手の中指の関節二つ目の少し上まで水を入れて、炭に火がついた七輪の上に置きます。

間借りしていた部屋の外の軒の下で、毎日ご飯を炊いていた記憶はあるのですが、雨の日にどうしていたのか、まったく記憶にありません。

こうしてご飯が出来上がると、それを食べて学校へ行きます。その時、母はまだ寝ている最中なので話はできません。母との会話は手紙です。書いた手紙を円卓の上に置いて、学校へ出かけます。

例えば「〇月〇日に遠足があります」と書いておくと、遠足の日の朝は円卓の上に弁当が置かれています。その弁当を持って遠足に行くのですが、弁当の中身は友達の弁当よりも豪華でした。なぜかというと、「なるみ」の残り物を弁当にしてくれていたからです。

誰もが食べたことがないフグの皮の干物が入っていることもありました。遠足だからといって今のようにお菓子はありませんでしたが、フグの皮の干物を噛み締めながら食べると、お菓子代わりになったものです。あの時の弁当は、本当においしいものでした。自慢げに食べたことを今でも覚えています。

夕食も「なるみ」の残り物でした。残り物がない日は、母が円卓にお金を置いてくれていました。このお金を持って『まるい食堂』という大衆食堂へ行くのです。カレー、オムライス、チキンライスを交代で食べました。金額はお店のおじさんがどれも同じにしてくれました。「昨日はカレーだったから、今日はオムライスにしろ！」といつも声をかけてくれました。もちろん、弟の政雄もいつも付いてきていました。

昼食は、学校で給食が出ます。昼食にパンが出ると同級生の中にはパンを食べない人もいて、僕にパンをくれました。多い日だと四～五個のパンをもらうこともあり、カバンに詰め込んで弟・政雄への土産として持って帰りました。

家に帰ると、政雄が喜んでパンを頬張りました。パンを食べながら、弟の大きな目が僕を見つめていました。あの姿はどういうわけか目に焼き付いています。

学校の給食のパンですから、クリームもジャムもあんこも当然入っていません。しかし、僕たち兄弟にはおいしいおやつでした。

ある日のこと。学校から帰ると政雄の姿が見えません。円卓には母からの置き手紙がありました。その手紙には「政雄はよそに行ったので、心配はいらないよ」と書かれていました。

その夜から、僕は一人で寝ることになりました。布団に入ると涙が出てきて枕に落ちて行きました。いつも学校から帰ってくると、一人で遊んでいた政雄が走ってやってきて、僕の体に飛びついていました。また、パンを口一杯に入れて、僕を見つめる姿が次から次へと思い出されるのです。僕は声が出そうになるのを我慢して泣いていました。

朝起きると枕に円形の茶色になった涙の染みがいくつかありました。母に見られたくないと思ったので、枕を裏返しにして隠したことを覚えています。

現在はこうしてペンを走らせてはいますが、この歳になってもこみ上げてくるものがあります。

大きくなっても弟のことが頭から離れることはありませんでした。例えば旅行に行っても、たくさんの人が集まっていると、その中に弟がいないかを確認せずにはいられませんでした。あるいは気がつくと弟と似た人を目で追うようになっていました。

僕が高校を卒業した後、何かのきっかけで戸籍謄本を見るチャンスがありました。もちろん、弟・政雄の手がかりを探しました。すると、鹿児島県日置郡某町の吉村某に養子とありました。

なんだ鹿児島に行っているのかと思いました。謄本を見ていて、もう一つ気づいたことがありました。謄本の下の方に届け出とあり、そこに五ミリくらいの小さな○があり、中京区という印が押されているのです。僕は中京区が京都市にあることを知っていました。

そのこととは別に、政雄が養子に出された家から一枚の写真が送られてきていることを知っていました。その写真は、幼稚園に入園する政雄の写真で、裏に「京都にて」と書かれていました。つまり、政雄は間違いなく京都にいるのだろうという想像ができました。

それから数年が過ぎ、僕は結婚して子どもができていました。それにもかかわらず、もう一度、政雄に会いたいという気持ちは変わりませんでした。

それで、母親が以前話していた竹田市の某社に、勇気を出して電話してみました。そこの社長なら政雄の情報がわかるかもしれないと、母が言っていたからです。ところが、電話をした会社の人から「先代の社長は三年前に亡くなりました。もっと早く電話をいただいていれば……」という返事が返ってきました。

これで政雄のことを捜す手がかりがなくなってしまいました。

そんな時です。妻の弟が埼玉で結婚式を挙げることになりました。そこで僕たち夫婦と子ども二人で結婚式に出席することになりました。

せっかくなので別府に帰る途中で京都に寄り、京都見物をしようということになりました。もちろん、僕は一人で政雄を捜そうと決めていました。

兎にも角にも、東京経由で僕たちは京都駅に降り立ちました。僕は一人で政雄を捜そうと思っていましたが、何も手がかりがありません。唯一わかっていることは、政雄の姓が吉村であるということだけです。こうなれば、電話帳に載っている吉村さん全員に電話を掛けて確かめようと思っていました。そこでまず両替えした手に一杯の十円玉をポケットに入れ、公衆電話ボックスを探しに駅から外に出ました。すると、電話ボックスが右手に見えました。そこまで小走りで行き、電話ボックスの中に電話帳があるかどうかを確認しました。電話帳がありました。さっそく電話ボックスに入りました。僕が電話を掛ける間、家族は駅で待っているように伝えています。

電話帳で見つけた吉村姓は、電話帳の一ページほどの量がありました。手がかりは吉村政雄、または戸籍謄本にあった父親と母親の名前です。僕はペンを持ち、目を下にずらしながら同じ名前を探しました。しかし、見つけたのは二〜三しかありませんでした。

後は運を天に任すしかありません。まず十円玉を公衆電話に投入して、候補の最初の人に電話をしてみました。呼び鈴が二〜三回鳴った後、「はい、吉村です」という声がしました。

「お宅に政雄さんという人はいらっしゃいますか?」

「はい、わてです」

「失礼ですが、政雄の政は政治の政、雄は英雄の雄でしょうか」

「はい、そうです」

「お生まれは昭和二十二年十二月六日ですか」

「はい、そうです」

「僕は決して怪しい者ではありません。ですから、電話は切らないでください。僕は大分県別府市からやってきた者で、ぜひあなたにお会いしたいのですが、いかがでしょう?」

ました。

「すみません、電話をちょっと待ってください」

と言って電話機に背を向け、子どもを連れて歩いている妻を大声で呼び止め、手招きしました。

それから、電話が切れてはいけないので、十円玉をあふれるほど投入して

「京都駅の時計台の下で、僕と妻と二人の子どもの四人で待っています。何分くらいかかりますか」

「四十分くらいです」

「では、待っています」

と言って電話を切りました。

四十分という時間はそれほど長くは感じませんでした。車が停まって降りてくる人を見たり、数人で僕の方へ歩いてくる人を見ていました。果たして背の高い人が来るのか、太った人が来るのか、そんなことを想像しながら、家族四人で待っていました。

やがて向こうの方からゆっくり歩いてくる男性の姿が目に飛び込んできました。この人かなという思いが間違いないと確信に変わった瞬間、その人は僕たちを見て礼をして近づ

いてきました。

僕は思わず「政雄か？」と声が出ました。すると「はい」という返事。

それから何を話したか定かではありませんが、ロータリーの前にあった法華クラブで、お茶を飲むことにしました。そこで、自分が兄であることを打ち明けました。

「お父さんは？」と尋ねると「亡くなりました。今は母と妻と子どもが一人います」とのこと。

僕は産みの母親が別府にいるという話をし、政雄が京都に来た時の話を聴き始めました。

その話の中で驚いたことは政雄の奥さんの出身地のことでした。なんと大分県の久住の出身だそうです。京都に住んでいながら、どういういきさつで大分県の人と結婚することになったのかということを聞きました。これも偶然!! そうこうするうちに「今夜はこの法華クラブに泊まるので、お母さんと奥さんと子どもさんをここに連れてきてもらえないか。みんなで食事をしよう」ということになりました。

こうして家族が対面したわけですが、誰もが予想していなかった成り行きに戸惑ったのか、神妙な態度と話し声だったように記憶しています。

政雄とは今度の正月に別府で会う約束をして別れ、僕たち家族は翌日京都から別府へ帰りました。

別府に帰ると別居生活をしていた母親に電話で「お土産があるぞ！」と言いました。すると「お土産なんかいいのに……、重たいのに……」という遠慮の言葉が返ってきました。それで「いやいや、そんなんじゃないよ。政雄を探し出したんだよ！」と言いました。すると、母は沈黙してしまいました。「とにかく正月に京都から政雄が帰ってくるからなー」と言って土産話の電話を切りました。

今、亡き母のことを思うと、その時の気持ちを想像するだけで胸が痛みます。その後、二十数年ぶりに再会した母と子の話は項を改めて紹介したいと思います。

よくテレビで見る対面のドラマを現実に体験できた僕たちは、本当に幸運としか言いようがありません。手がかりは電話帳だけ。そして費用は公衆電話の十円だけ。こんなことが起こりうるものなんですね。

17　十円玉の運命的な威力のすごさ（第二報）

僕の弟政雄夫婦との再会できた年の年末が近づいてきました。僕の母親に、京都からの土産を渡す時です。政雄が帰ってくるのは十二月二十八日で、一泊、別府の我が家で泊まり、次の日の午後政雄の嫁（貞子）の実家がある久住町へとの連絡を受けて、準備をして、僕の家族と、別居している母親もその時を待った。

二十六年振りに再会できる母親の気持ちは、どんなに嬉しいことなんかな‼　どんな気持ちで待ってるのかなー。

いよいよ、当日、別府駅に着く時間に間に合うように僕は、母親を迎えに行き、別府駅へ、当然僕の妻も一緒である。僕たちの待つ場所は改札口の前、改札口を出て、四、五メートル先から、階段に二階のホームへと通じているその階段から降りてくるはずである。電車は、着いたのだろう。客が降りてき始めた。僕たちは三人で、改札口前から階段から降りてくる客の中で政雄夫婦を捜している。

すると、階段の上段で一時止まった客が……政雄夫婦である、母は政雄が大きい人か、小さい人か、色は黒いかなど知るわけがないため、普段通りの顔をして人混みを見つめている。政雄は、僕夫婦と、母を中央にして待つ姿は、上段から見て一目で、あ、あれが、僕の母親か？　とわかっているはず。客の流れに添って近づいてきた、僕は、「お帰り」と声をかけた。

改札口を出てきた弟に「政雄ちゃんか？」と、小さな声で母が言っている。荷物の運びで手分けしている間、僕は母を見ていなかったが、感極まり泣く声に、母の姿を見る。あの小さい母親が、弟を抱き締めて、泣く姿と声は、僕の脳裏からはなれません。僕も、声が出そうになるのを堪え、駅内にある喫茶店へ誘導した。

ひとまず落ち着いてと思い、椅子に掛けさせて、どのくらいいたかは覚えてなく、途切れ途切れの思い出しで、どんな話をしたのかも今じゃ遠い昔の思い出になっています。我が家に着いてから、ワイワイと話し込んだことと、二階の部屋で、弟と母親に寝てもらったことは覚えています。どんな話をしたのか親子の会話は知らないが、後で弟から聞いた話、弟を手放さざるをえなかった経緯《いきさつ》等を聞いたと話していました。

こうして母親に京都からの土産を渡すことができた安堵感と、今、こうして筆を走らせながら思い出しているが、要所要所の場面が一枚一枚の写真のように、僕の姿もその風景の中にいる不思議さ。また、弟の嫁が大分県から弟の嫁になっている縁の深さ（京都にいたら、京都市内か、まだまだ別の所から嫁に来てもおかしくないはず）、なんで大分に引き寄せるのか、この不思議な出来事。僕は、この不思議さを解明できません。

親類縁者の少ない僕です。政雄家族が大分で住んでくれると、久住の親戚も近くになるのになーと、いつも思っています。

18　二十歳くらいの頃　半年間くらいのおつき会いだった彼女が……

この話は、ずい分昔の話なんです。

僕が三十二、三歳だったと思います。

大分市に産業通りという通りが中心街を横切っています。ちょうど大分駅前通りと、産業通りが交差する所に、歩道橋がかかっていました（現在はありません）。

駐車場から僕が仕事で訪問する先は、どうしてもこの歩道橋を渡らねばなりません。通い慣れたこの歩道橋の階段を登り直線になった所で、夫婦と思われる子連れの人と擦れ違うんですが、男性の方が先頭で僕と擦れ違い、その後三メートルくらい、後に背に赤ちゃんを、そして、右手に袋、左手に、二、三歳くらいの子どもの手を引き連れた奥さんらしき人が、……僕は通り道を拡げる気持ちで右側の端に身を寄せる気持ちで、歩く速さを落として、その奥さんの顔に目が行くと、なんと、昔半年くらいお付き合いをした彼女でした。僕は胸がドキンとし、顔が赤くなるのを感じました。彼女の方も、僕と目が合い、ピンときた様子でした。

立ち止まり話をしたい気持ちはありますが、先を歩くご主人さんに悪い!! との気持ちが先に立ち、何もない気持ちで僕は、歩きました。十メートルくらい歩いた時に後を振り返って見ると、主人が子どもの手を引き階段を下り始めていた!! それなりに家庭を持ち、幸福そうに見えた彼女!!

ああ、これで良かったんだ!! 僕なんかと家庭でも持っていれば、今見た幸福そうな風景はできない負けのくやしさ!! が、こみ上げてくる。

しかし、懐かしさが、歩道橋の上でこみ上げ、ふと我に返ると、下を流れる車の音で、仕事の方へと頭は切り替わった!!

歩道橋で味わったこの思いは、数十年過ぎた今日でも、忘れることのできない思い出です。百%神を信じるようになった僕ですが、神は、僕に何が言いたかったのか? このことを思い出すたび、僕の脳裏に疑問が迫ります。

19　佐藤勝良さんとの出会い

大分県内に発明研究会を立ち上げるため、会員を募集したところ約四十一名の応募がありました。それから四十年近くが経ち、二〇一九年でちょうど四十年を迎えます。

当初からのメンバーに、杵築高校の先輩である佐藤勝良さんという人がいらっしゃいます。

佐藤勝良さんと僕は、高校卒業後の就職先が違ったこともあり、お付き合いはありませんでした。しかし、発明研究会の立ち上げをきっかけとして、再びつながりが太くなってきました。

発明研究会の役員をお互いに務めたことも大きな理由ですが、その根底には高校時代のつながりがありました。佐藤勝良さんは高校時代、演劇部に所属していました。また、卒業後も大分県民演劇に入団されていました。佐藤さんの勧めで僕もいつしか一緒に演劇をするようになりました。

現代劇をはじめ、時代劇、喜劇、歌舞伎に至るまでプロに仕込まれた経験があります。

現在も佐藤さんには発明研究会の幹事長を務めていただき、僕が理事長を務めています。また、関連の少年少女発明クラブも佐藤さんと僕の出身地である杵築につくったこともあり、ボランティアで指導員もしていただいています。

最近では佐藤さんが会社を定年退職後に、佐藤さんの父親のみかん農家を継いだため、僕もみかんの収穫を手伝うようになりました。実は、佐藤さんは腰を痛めたことがあり、腰にステンレスボルトを十本も入れています。こんな体では農作業が大変だろうということから、微力ながらもお手伝いを始めたというわけです。

みかんの収穫は大変な作業である一方、人間であることの根源的な喜びを感じることができる作業でもあります。土と触れ合うことがほとんどない人間にとって、大いなる自然の力をダイレクトに感じることができる時間といってもいいでしょう。街に住む僕のような人間にとっては、得難い体験です。こういう人間らしい喜びを感じるチャンスを与えてくださった佐藤さんに感謝するばかりです。

最近、こういった太いつながりは、何だろうと考えることがあります。人の縁は実にさまざま。それは偶然がもたらすものですが、つながるべき人とつながっていくという流れを客観的に見ると、とても不思議なものを感じずにはいられません。

20　百二十五位で海外旅行に当選

僕は一九七一年（昭和四十六年）から二〇〇二年（平成十四年）まで、大分市で内装工事や広告・看板関係の事業を手がける『株式会社ユキ商事』という会社を経営していました（現在は息子に経営をバトンタッチしています）。その仕事の関係で、福岡に本社をもつ広告代理店の大分支社とおつきあいがありました。

ある日、その広告代理店主催のゴルフコンペがありました。結果は最後から数えたほうが早いほど下位でした。敢闘賞かブービー賞でも貰えればと思っていましたが、それも果たせずがっかりしていると、主催者から「まだ本日の一番良い賞が残っています。実は弊社は今年が創立百二十五周年。これを記念いたしまして、百二十五位の方にプレゼントを差し上げたいと思います。それでは百二十五位の幸さん、こちらへどうぞ」と呼ばれました。その商品とは、韓国ペア旅行券でした。

今までにゴルフでこんな良い賞品をいただいたことはなく初めてで、ペアで韓国旅行なんて、……妻は喜ぶだろう。ゴルフ場は、家内の店の近くなので帰り道である。帰りに店に立ち寄ってみた。家内が僕の顔を見るなりに、韓国ペアが当たったんてねー!! と言われ、先に知っていた。というのも、帰り道沿いなので誰かが家内に先に報告していたのだ!!

これもラッキーな、奇遇である。百三十人くらいのコンペで百二十五位で、一番最高賞を取るなんて!!

21　平成五年四月七日　一生に一度もできない偶然の幸せを……

僕が住む別府市には、ライオンズクラブが、四クラブあります。その中の別府第一ライオンズクラブに友人より誘われて、入会していました。

そのメンバーの中に、宮崎文男さんという人がいます、この人のことを少し説明しておかないと、話が前に進みません。

この人の母親と僕の母は同級生で、故郷の大分県杵築市の実家は、三軒隣りです。

僕が小六年~高校卒業までの七年間は、母の実家に預けられて、この文男さんの弟さんたちと遊んでいました、文男さんは五歳くらい年上のため、一緒に遊んだ記憶はありませんでしたが、文男さんのお母さんからは、僕は、おやつの食べ物をいただいて、食べていました。その記憶は、大人になっても思い出します。

子どもの頃お世話になったことなど、文男さんは直接知る由もありませんが、僕にとっては、ほんとうに嬉しく、懐かしく思い出します。

別府第一ライオンズクラブの次期会長選任の際、次年度の会長は宮崎文男さんと決まっていました。僕はみんないやがる幹事役を、買って出ようと腹に決めました（文男さんのお母さんへの恩返しと思い）。会長は、幹事になってくれる人捜しに毎年苦労していることは、僕もよく知っているので、同じ幹事をするなら苦労させずに一早く幹事は、僕がしますと名乗り出ました。

任期は一年間です。その間には、いろんな行事がありますが、ほとんど幹事がお世話をして、行事が進みます。別府市に四クラブあるホストクラブに当たる大変忙しい幹事役です。

幹事になって数カ月過ぎた頃三三七B地区のゴルフチャリティーコンペがありました（大分市富士見カントリークラブ）。各クラブの幹事、会長は出席いたします。我がクラブも会長他、数人の出席者で参加いたしました。

その時の出来事です。僕はゴルフは下手で当時のスコア平均はお世辞にも上手とは言えない腕前です。

一チーム四人で回るのですが誰と回ったかは記憶にありません。午前中の最後の方の十七番ホールで、百五十ヤード、打ち下ろし!!　下の方から、吹き上げる風が少し強いようで、アイアンを八番を七番に持ち替えて……そのグリーンには、僕たちの前のチームが……まだグリーン上にいました。

先に打たせてくれることになり、前の四人はグリーンから離れて我々四人が打つのを見守ってくれていた。

僕の打つ番ですが、いつも、変な所へ飛んで行くのです。

打ったとたん、グリーンに乗るぞ!! と声が聞こえました。僕にとっては一安心!! するとほんとにグリーンに乗りました。

白い玉は、糸を引くように、旗の方へ。

すると、前のチームの人たちが、両手を上げてワイワイさわぐ声が聞こえてきました。

ホールインワンが出た!! 我がチームもびっくり!! 我がチームの人からキャディさんにお祝金を渡さねば!! と言われましたが、お金の余裕の持ち合わせておらず、同行者に借りて、支払った記憶はあります。

最後の表彰式の際に、本日、ホールインワンが出たことを皆さんにお知らせいたしますと、進行役の声が、「幸さん前へ……」の一言。

「おさわがせしてスミマセン、僕は、普通百二十くらいで回ってるので百を切るようになったら保険には入る予定をしていました。

皆さんを招待してお祝いコンペをすることはできません、ごめんなさい‼」

みんな笑ってくれたようです。

その時のホールインワン賞は四国高松のレオマワールド、一泊ペア旅行券をいただきました。また、ダンロップよりゴルフボールを一ダース、いただいた記憶があります。

その一カ月後に会長の宮崎文男さんがホールインワンをしたことを聞き、僕もびっくりいたしました（どこのゴルフ場でかは聞いてません）。我がクラブ別府第一ライオンズクラブ独自で、会長、幹事ペア・ホールインワン、幹事のホールインワンを祝って、コンペを催してくれました。

これは偶然の中でも、一カ月間の短い時間の中での出来事で、ホールインワンなんて、一生通じてできる人の少ないことを二人して、やったことは、何の意味でしょうか？　ほんとに、不思議さえ思わせる出来事です。

母たちが同級生（二人の間の思い出や出来事は知りません）、しかし、その母親から僕が受けた子どもなりの幸せ感。

その恩返しをと思った時には、母親同士はこの世にいません。代わりに文男さんへと続くこの思いの結果が、幸せを分かち合える結果になり嬉しく思います。
ほんとうに不思議な出来事としか言いようのない幸福感を味わうことができました!!

22　ＫＮさんとの再会

ＫＮさんは杵築中学校に同じクラスいたとてもかわいい人でした。

僕は今から二十数年前、建築・総合広告・不動産と、食品の卸売の会社を経営していました。

ある日、我が社に出入りしている某社の人の紹介で、食材を仕入れてくれそうな別府市の某喫茶店を紹介してもらったことがあります。

僕は別府市から大分市へ通勤をしていたこともあり「別府へ帰る途中、その喫茶店に立ち寄ってください」と食品の担当者から頼まれていました。僕は頼まれた通りに、納品するための食材を抱えてその喫茶店を訪れました。その途中のことです。初めて行くお店であるにもかかわらず、どういうわけか知り合いのお店からの注文のように思えてならなかったのです。僕の予感は的中しました。その喫茶店の経営者は、ＫＮさんだったのです。

こうやってしっかり向き合うのは十数年ぶりです。それまでに同窓会などで会ってはいましたが、お互いの仕事のことは知りませんでした。だから、今回のお取引はまったくの偶然だったのです。

そんな偶然の出来事から数日たった頃のこと。その日も僕はNさんが経営する喫茶店で、お茶を飲んでいました。その時です。若い女性がお店に入ってきました。その女性は店内の電話ボックスからどこかへ電話していました。喫茶店のママ（KNさん）は厨房にいたため、客席の様子は見ていません。それでも電話中の女性の声が耳に入ったのでしょう。厨房から出てきました。そして、電話を終えた女性に「〇〇ちゃん！」と呼びかけたのです。なんとその女性は、県外に住んでいるNさんの妹でした。後でわかったことですが、十年ぶりに大分へ帰って、姉のお店とは知らずにお店に入ってきたようです。

なんという偶然でしょう。Nさん姉妹がびっくりしたことはもちろんですが、たまたま客として居合わせた僕もびっくりしました。まさにドラマのワンシーンのような光景でした。

その後も、その喫茶店でいくつかの偶然に遭遇することがありました。

偶然の再会が生まれる要因とは何でしょう。場所や時間が関係するのでしょうか。あるいは人（当事者）の日頃の行動や考え方に関係があるのでしょうか。ふと、そんなことを考えました。

23　倫理法人会での出来事

別府市には古くから、倫理法人会という、人生の意義を述べ合う、経営者ばかりが集う会があり、友人から誘われ入会して、僕も勉強していました。行事が年間を通して数回あるが、その内の一つに、十一月二十二日（いい夫婦の会と銘打って）、連れ添いと一緒に参加する夕食パーティが毎年あります。

今年も高級ホテルの最上階の展望レストランにて催されました。毎回の勉強会には連れ添いは出席しませんが年に一、二度は連れ添い同伴とあって、会員の奥さんたち、また、家族である子どもも同伴している家族も中には見受けられます。

全員楽しそうな雰囲気で、各々円卓の食事も進み、アルコールで顔を赤く染める夫婦もちらほら。僕はアルコールに弱く、急ぐ顔が赤く、一人で飲んでいるみたいだと、よく言われます。

そんな中に、新聞社が取材に来たようで、あちこちと写真のフラッシュの光が、パーティーの雰囲気を盛り上げていたように見えました。例のごとく、カラオケ、福引き大会等があり、あっという間の短い時間が過ぎました。

次の日の朝刊だったか夕刊だったか覚えてませんが、新聞に大きく、僕と家内で写った写真が出ていました。僕たち夫婦のためのパーティーだったように受け取れる写真です。

しかし、事実、新聞に載っているため、どうしようもなく、同じ仲間の人たちは、良い印象ではないかもしれない、と僕は気を揉《も》んだ。そのような取材記事の写真でありました。

しかし、我々の会の仲間以外の人々は、記念になるいい写真だねーと、言う人も多くいました。

普通、新聞に良い記事として載ることは嬉しく思うことですが、倫理の別府の会員さんたちには、……幸い、夫婦二人だけのいい夫婦の会だったように受け止められる写真が載っている記事は、一通り読み終わったら、ポイするでしょう。

これも運命の起こすいたずら‼

一般の人々から見たら、なんと仲の良い夫婦として、写っている運の良い夫婦だなー。

僕もその新聞読者側から見て、どうして運良く載せていただいたのか、その時の記念になる写真を大切に部屋に飾って、感謝しています。

24　佐賀の関灯台で夜釣りでの出来事

僕が魚釣りに凝っていた頃の思い出話になりますが、別府から車で五、六十分くらいかかる佐賀の関半島の突端に灯台があります。まだ僕が大分市で会社を経営していた頃の話で、会社が終わると、餌を買い求め、車を走らせて、灯台の側の駐車場に停めて、灯台は岬の頂上にあり、釣場まではその山から下に降りる、その山道がジグザクになっていて、下に降りると、岩がゴロゴロあり、足場の良い岩の上に陣取り釣りを始めました。

当然誰も釣人もいない雨が降りそうなどんよりとした空で、周囲は真っ暗になっていました。二、三百メートル離れた所に右側から、海に突き出ている岩場が黒く見える、よく見ると、その岩場にも釣人が一人いるんだろう、時々、懐中電灯の灯が小さく見える気がする。その灯が見えた時は、僕一人じゃないんだ!!　との安心感で釣りに専念する。数時間が過ぎただろう、向こう側の灯を探すと、時々灯がつく。

まだ釣人はいる、安心感を持ち、釣り続ける。

やはり雨が来た。それでも、雨の中を釣り続ける。何気なく、向こう側の灯を探すが灯もつかず人のいる気配は全くありません。

すると、雨も降るし、魚も釣れない、急にやめて帰ろうという気が先立った。竿を納め背に竿袋と、網（タモ）を担ぎ、クーラーボックスも肩から斜めに担ぎ、雨も本降りになってきました。

頭には、ヘッドライトを灯《とも》して、ジクザグの山道を登る。息も荒くなり、登り坂が急坂のため、……つかれる。何故か恐さも加わりいそぎ足に、すると、山を七分くらいまで登った頃、何かが僕を引き止め、前に進むことができない……。

いよいよ恐さが増し、後も振り返ることすらできず、後ろに引っ張られる体を力まかせに振り切った、すると前に進むことができるようになった。ようく考えたら網に木の枝がひっかかり僕を引き止めたんだな!!　と思いながら逃げるようにして、駐車場まで!!

昔の言葉に「落ち武者は薄《ススキ》の穂にも怖《お》ず」の言葉を、実演した体験であった。

笑ってやってください、偶然でも、網を引っ張られた時の恐さ!!

今も思い出します。

25　釣り船で一度死んでいた僕

知り合いに十二歳年上の板金店主・佐藤竹次郎さんがいます。その人は釣り船を所有していて、時々釣りに誘ってくれていました。実は僕、船舶操縦士免許を持っているので、一緒に釣りに行く時は船の操縦をさせてもらっていました。

四十年前の正月二日のこと。釣りの約束をしていたので、船溜りへ行きました。そこには佐藤さんの他に佐藤さんの友人の左官屋さん、ガソリンスタンドを経営している人がいました。合計四人の釣行です。船は長さ十二メートルの普通の漁船で、別府湾から外へ出ました。途中、関あじ関さばで有名な佐賀関半島を過ぎ、さらに南方に位置する深島の近くを目指しました。

漁場にはすでに船が三十～四十艘集まっていて、釣りをしていました。その中の一艘となって早速釣りを開始。午前中に真鯛やブリなどがよく釣れました。その時は昼食(弁当)を食べたかどうかも覚えていないほど釣りに夢中になっていました。

ふと周囲を見渡すと、午前中はあれほど多かった船が三～四艘になっていました。どうしたのかなと思って佐賀関方面を見ると、いつの間にか黒雲が広がっていました。「あ、天候が悪くなるのだろう」とピンときました。

僕たちは海のことがわかりません。それでも僕は他の三人に釣りをやめさせ「帰るぞ！」と声をかけました。そして、そのままやってきた通りのルートを引き返しました。最初は波も静かでした。四十～五十分ほど船を走らせると豊後水道に入りました。ここは波が荒く潮の流れが速いところです。思った通り佐賀関半島の突端をまわると急に波が荒くなりました。豊後水道はそんなものと知っていたので、それほど波の荒さも気になりませんでした。

しかし、佐賀関半島をまわり、別府湾に入る手前になっても大きな波は収まらず、空は真っ黒な雲に覆われていました。

釣り場を出たのは三時過ぎくらいだったと思います。途中で船をUターンさせようと思った時もありましたが、その勇気が出ませんでした。Uターンすれば、風と横波で船が転覆するだろうと思ったのです。実際、波の高さが五～六メートルありました。

仕方がないので別府湾を横に突っ切って杵築、国東方面へ行くことに決めました。

季節は冬。風は北から吹いてくるのですが、その北へ向かおうというのです。佐賀関半島を離れ、杵築方面へ行けば行くほど波が高くなり、十五～十六メートルくらいあります。「あー、これで僕は死ぬんだな」と思いました。窓ガラスは塩で見づらく、軒がテント生地で作られている操縦席です。僕は右手でテントの柱をつかみ、左手でハンドルを握りました。しかし、操縦席から船の操縦はできない状況です。それで外壁に右足を乗せ、胯越《またご》えで船を操縦するしかありませんでした。

他の三人に目をやると、船の縁に両手でつかまり、顔を隠すように下を向いてかがみこんでいました。二メートルほど先に救命具が入っている場所があるのですが、船が揺れるので怖くて取りに行けないのです。

釣り上げた魚を入れたクーラーボックスが揺れ続けています。左から右へ、右から左へ、ドーンという大きな音を立てながら一～二メートルの距離を動きまわり止まることがありません。

前面の波を投光器が照らしています。波の色はどす黒いグリーン。まるで野球場の中に船がいて、観覧席の高い波が前方から盛り上がってくるかのようです。船は急坂を上り、頂上に達するとジェットコースターのように滑り落ちていきます。船が滑り落ちる時は左の方向へ先端が向くので右いっぱいに舵を切ります。しかし、左に行く波の底に着くと、またもや前から十四〜十五メートルあるような波が盛り上がってくるのです。

それはテレビや映画で見たサーフィンのトンネルの中のようでした。一月二日の真冬、うねりと波でパンツの中までずぶ濡れ状態。それにもかかわらず、寒さはほとんど感じませんでした。ただし、どういうわけか子どもの頃に叔父から叱られたことや、幼かった頃の自分の子どもの顔が浮かび上がります。「走馬灯のようにとはこのことか」。これまで一度も思い出したことがない体験が次から次に思い出されていきました。

盛り上がる波に何度翻弄《ほんろう》されたことかわかりませんが、ある時、波の頂上で光を見ました。右手前方に光が横に連なっているのです。人家の光に間違いありません。

うれしい気持ちと、ほっとした気持ちがこみ上げてきました。やがて杵築の街灯が、次第に多く見え始めました。同時に、あの怖ろしい波は消えていきました。そこで少しずつ舵を別府方向に切っていきました。やがて別府の街の灯も見えるようになりました。

「あー、僕たちは助かったんだな」と感じ始めました。

僕たちが出港した港が近づき、それまで船の縁につかまっていた人たちも声を出すようになり、会話が始まりました。生き抜いたことを証明するかのように、その会話は一〜二時間続いたような気がします。

釣り場から港まで普段なら二時間三十分ほどですが、今回は四~五時間をかけてようやく帰りついたのです。

プロの船乗りなら大なり小なり経験があることかもしれませんが、僕たちは初めての経験。

全員が救命具も着けずによく死ななかったものだ、と出会うたびにあの日の話になります。

今、僕は生きているからこそ言えるのですが、ほんとうに運の強い男です。

この広い別府湾に船一艘も出られない悪天候!! よく生きて帰れたなー。

前方から盛り上がって迫ってくるビル四、五階の高さのどす黒いグリーンの大波!!

この体験を思い出すたびに、胸と頭に痛みが走り身震いします。

26　沖縄へ旅行に行った時のこと

とにかく寒い二月初めに、家内を同伴して沖縄へ旅行に行ったことがあります。

沖縄へ到着後ホテルに荷物を預け、さっそく国際通りへ散策へ出かけました。

すると市場があり、その入り口で知人（大分県宇佐市出身の土産物屋の女将）とばったり出会い、立ち話をしました。立ち話はすぐに終わり歩き始めると、空から白い小さなごみが降ってきました。「沖縄の空も汚れているのかなあ」と思いながら、白いものを手のひらで受け止めてみました。すると、二〜三秒で消えるではありませんか。「あ、これは雪だ！」と思いました。改めて空を見上げましたが、その後、雪は降りませんでした。

沖縄で雪。この珍事を証明したいと思い、誰か証人になってくれる人を探しましたが、残念なことに近くには誰もいませんでした。

家内はというと、僕が知人に出会って話をしていたために、僕から少し離れていました。そのため、手にした雪を見せることもできないままでした。

沖縄からの帰途、飛行機から見下ろす鹿児島の山々は雪を被っていました。また、大分空港でも駐車場が雪景色になっていて、その日は九州から沖縄までが冷え込んだ一日だったようです。

沖縄で雪を見るという滅多にない体験をしたわけですが、そのことを人に話しても半信半疑な表情を浮かべるだけです。

その後、テレビのニュースで沖縄に雪が舞ったという報道があり、僕の体験は夢でも幻でもなく現実のものだったということが証明されました。

この話の中でも偶然が二個……十年に一度も行かない沖縄で、宇佐八幡宮（大分県）の売店の奥さん（御主人との交流で知り合いです）とバッタリと沖縄で会うことと空から雪が降ってきたこと。

別府に帰ってから、沖縄出身の人に会うと、雪が降った話をしてみますが、本人は体験がないそうです。また、少年少女発明クラブの全国会議が年に一度ありますが、その時、沖縄出身の方へ、その話をしてみると、本人も再確認みたいな返事。沖縄の人も、あまり見たことのない雪を見まして、九州大分県からの僕が体験する偶然。なんと、偶然が多い僕だろうと感心しています。

27　演劇の勉強

大分県には、県民演劇という名前の劇団がありました。教員出身の中沢とおる先生という脚本家が率いる劇団でした。

県民演劇では年に一本、ＮＨＫの大河ドラマ的な物語の上演を行っていました。僕もその一員として十一年間ほど頑張った時代があります。

そのお陰で、国民健康保険や交通安全協会のテレビＣＭなど数本に出演させてもらったことがあります。

県民演劇の稽古があったある日のこと。妻の従姉妹が稽古部屋にいたのでびっくりしました。なんでも娘が子役で出演するのだとか。彼女も僕が県民演劇の劇団員とは知らずにびっくりしていたようでした。妻の従姉妹の娘との共演は、一～二本だったように記憶しています。当時はまだ小学生だったので、今どこかで出会ってもまったくわからないと思います。

犬も歩けば棒に当たると言いますが、人間も必ずどこかで偶然に出会うものです。逆にいえば、動かない人は偶然とは縁がないかもしれないと思った瞬間でした。

28　杉本志朗さんとの出会い

これまでにもお話したように、僕は四十年ほど前に友人と大分県発明研究会を立ち上げました。このグループは発明好きな人を集めて、発明の研究をやろうというグループです。このグループの中の一人に杉本志朗さんという人がいます。年齢は僕よりも二十歳以上も年上です。杉本さんは町内の各家の地図をつくり、広告スポンサーを探すという仕事をしていました。杉本さんが勤めていた会社の地図は次第に拡大していったそうです。その会社は二人でやっていたそうですが、途中で相棒だった人と別れることになりました。この別れた人が新しくつくった会社が、国内最大手の地図情報会社『㈱ゼンリン』です。

杉本さんは町名と番地を言えば、十秒で地図を開きその番地を指差すような地図をつくろうとしたり、特許を申請することにも熱心な人でした。そんなわけで、僕たちはいつしか夢を語り合う仲になっていきました。

ここで話は変わります。僕は詩吟のグループに入って二十七年間続けてきました。そのメンバーの中に杉本さんとおっしゃる女性がいました。年齢は僕よりも年上のようです。その杉本さんは民謡も得意にされていて、技術的にも優れていました。僕も民謡が好きだったので姉と弟のように話が合い、よくかわいがっていただきました。ある時「うちにも幸さんくらいの娘がいるけど、もう婿を取っているのでねえ（笑）」と言われたこともありました。

その姉《あね》さん（杉本さん）たちと飲み会があった時のことです。何気なく発明の話をしたところ、姉さんが「私の主人も発明が好きなのよ」とポツリとおっしゃいました。

同時に、僕の頭の中でご主人の杉本さんというのは、もしかすると我々の発明研究会のメンバーである杉本志朗さんかもしれないという思いがしました。それで姉さんに「もしかしてご主人は杉本志朗さんとおっしゃるのでは？」と訊いてみました。すると姉さんはびっくりした顔で「そうよ！」とおっしゃいました。これには一同もびっくり。「全く世間は広いようで狭いね。どこでつながっているかわからないものだね」と大いに盛り上がりました。

姉さんはこの話を家族全員に話し、僕も友人知人に話したことは言うまでもありません。

29　Tさんとの再会

Tさんは、別府市で内装・広告看板の仕事をされていた人です。一方、僕も同じ仕事を大分市で行っていました。そんなわけで、Tさんと僕との交流は創業時からありました。

ある時、Tさんから電話がありました。どうやら会社の資金繰りが悪く、そのことで相談があるということでした。それで、別府駅前のとある喫茶店で待ち合わせをしました。

Tさんが言うには「今から夜逃げをする」とのこと。ついては「会社の領収書と印鑑を預かってほしい」という依頼でした。

突然のことで僕も驚きましたが、言われるがままに会社の領収書と印鑑を預かりました。そして、どこへ行くとも告げずに、荷物をいっぱいに積んだ乗用車に乗り込みました。僕は「変な気を起こすなよ！」と言うのが精一杯で、Tさんと別れました。

それから十七、八年ほど過ぎました。その日、僕は大分サニーヒルゴルフ倶楽部（大分県由布市挾間町）でゴルフをしていました。午前中のコースを終え、クラブハウスから自分の会社に「何か用事はないか」という電話をしていました。その時、ちょうど腕時計を外していたので時間がわからずに困っていました。すると僕の後ろから腕時計を僕の目の前に差し出してくれた人がいたのです。

電話を終え受話器を置くと、先ほど腕時計を見せてくれた人にお礼を言いました。改めて見るとひげをたくわえた立派な紳士でした。

お礼を言い終え、一歩歩き始めた時に「どこかでお会いしたことがあるような気がするなあ」という気がして、急いで似た人を思い出そうとしました。わかりました。「Tちゃん」と呼んでいたTさんだったのです。すぐに「Tちゃんじゃないか」と声をかけたことは言うまでもありません。

今までどこで何をしていたのか。これまで音信不通だったTさんが目の前に急に現れたので、僕の頭の中には聞きたいことばかりでした。それで「今夜の予定は？」と尋ねてみました。すると、幸運なことに予定がないばかりか、大分市内の小料理屋での食事に誘ってくれました。

昔懐かしさも手伝って、小料理屋では大いに盛り上がりました。別府では事業に失敗したものの、他県では再び事業に成功したそうで、別府時代の会社の十倍以上もあるような会社のオーナーになっているということでした。なんとまあ才能にあふれ、運のいい男なのだろう。この日を境にTさんとの交際が再開しました。

大分県には数多くのゴルフ場があります。僕はゴルフが下手なのに、大分県内に数あるゴルフ場の一つにたまたまその日出かけたことが、Tさんとの再会につながったのです。神様の仕業について、いろいろと考えるきっかけになりました。

30　S君との再会

S君は、Tさんが別府で内装・広告会社を経営していた頃の部下で、年齢は僕よりも十歳下でした。現在、Tさんは軽井沢（長野県）でホテルを経営されています。また、不動産も扱われているようで、手広く仕事をされているようです。

そのTさんから「一度、こちらに遊びに来ないか」と誘われたことがあります。考えてみると軽井沢には一度も行ったことがありません。それで思い切って軽井沢へ出かけることにしました。

時季は二月。避暑地の軽井沢ではシーズン・オフで、積雪の街に夕方到着しました。

宿はスキー場の前にあるレンタルルーム。せっかくなのでスキーでも習おうかなどと考えていました。その時、ホテルの従業員が灯油を配達に来ました。その従業員は僕を見るなり「あら！　幸さん！」と声をかけてきました。Tさん以外に軽井沢には知り合いはいないと思っていたのでびっくりです。しかし、この声は聞き慣れた声。すぐにS君だとわかりました。また昔の上司のところで働いているわけで、懐かしさも手伝って昔話に花が咲きました。

その後、S君は軽井沢のホテルを辞めて独立し、現在は東京で商事会社を経営しているようです。彼は一～二カ月に一度別府に帰ってくるので、そのたびに二人の共通の趣味のカラオケで盛り上がっています。

これも僕が軽井沢に遊びに行かねば逢えていない。

天はまた昔の友を引き寄せる。何のためなのか？

31　東京でのMさんとの再会

前述のように、僕は大分市で『株式会社ユキ商事』という会社を経営していました。当時、会社の事務をやってもらっていた人の友人にMさんという女性がいました。どういういきさつだったか忘れましたが、僕はMさんに軽井沢にあるホテルを就職先として紹介したことがあります。僕がそのホテルの社長を存じ上げていて、先方がたまたまそのホテルで働いてくれる女性を探していたからです。話はとんとん拍子で進み、Mさんはそのホテルに就職。しかし、三〜四年ほどホテルで働いた後、ブライダルの企画や式場の斡旋をする会社を東京で立ち上げたという話を耳にしていました。

僕は会社経営の一方で、『NPO法人大分県発明研究会』の理事長や『別府少年少女発明クラブ』の会長も務めていました。同時に、公益社団法人発明協会大分県支部の理事も務めていました。その関係で会議に出席するため、東京に出かけることもありました。

その日も東京で会議があったので、一人で上京していました。とはいっても東京の地理に不案内で、てきぱきと行動することができません。なんとかJR水道橋駅までたどり着いた時のことです。ホームで電車を待っていると、地下から階段を上って大勢の人が僕のいるホームに押し寄せてきました。何気なくその人の波を見ていると、先頭を歩いてくる女性が「あら、社長！」と驚きと懐かしさが混ざった声をかけてきました。その女性は数年ぶりに再会したMさんでした。

「おぉ、Mさんじゃないか」と返しました。「今、なにをしているのか？」「これからどこに行くのか？」「どうしてホテルを辞めたのか？」「なぜ九州に帰らず、東京で働くことにしたのか？」など聞きたいことは山のようにありました。

ちょうど電車が入ってきたので、二人で同じ電車に乗り込みました。しかし、僕は三つ目の駅で降りなければなりません。時間にして五分程度でしょうか。そのわずか五分の間にたくさんの話をしました。僕が降りる駅で話は中断しましたが、一人になってMさんとの再会に改めて驚きました。東京の人口は千三百万人余りといわれます。つまり、Mさんと出会う確率は千三百万分の一以下ということです。まさに奇蹟的な出来事だったといっても過言ではないでしょう。

実は奇蹟的な再会は、Mさんだけのことではありません。中学時代の同級生との大阪での再会、従兄弟との御影駅（阪神電鉄）前の路上での再会、高校時代の同級生との再会など、まだまだたくさんの偶然の再会がありました。

32　孫（大輝）と凧揚げでの出来事

僕の孫（大輝）が小学四年生頃の話になりますが（十三年前）、僕が指導している別府少年少女発明クラブの生徒にいろいろ授業する中、正月に向けての凧作りを教えていました。その凧は鳥形で鳶《とんび》または鷹《たか》凧といい、形は、鳥が羽を広げた状態。横幅は九十センチ、その羽に鳶、鷹に似せて羽を色付けした代物《しろもの》!!

我が家から車で十分くらいの所に、運動公園があります。夕方孫を車に乗せ、凧を飛ばしてみようと、誰もいない運動場で凧を揚げさせました。僕は車の運転席から、凧揚げ姿を見ていました。運動場の横は、雑木林になっている。その凧が二、三十メートル高く上がった頃、その雑木林にいる鴉《カラス》が数羽飛び立ち、孫の凧の周囲を回り始めた。いつの間にか、数十羽。またまた雑木林から飛び立つ鴉。たちまち何百羽となり、空は一面鴉で埋めつくされた。孫も恐ろしくなって、凧ひもを、手から投げ捨て、走って、僕の車に逃げ込んできた。僕も生まれて初めて見る風景。それはなんと、雑木林、一山全部が鴉の巣でした。とにかく、空が見えないくらい鴉で真っ黒!! 鳴き声が車の雑音のように聞こえる。僕が頭を低くして、凧を引きよせ、車の中に入れると、僕自身も恐くなり（鴉が僕たちに襲いかかってくるんじゃないかと）、後も見ずに車を走らせ我が家に逃げ込みました。

それはすごい光景である。

この奇遇偶然の本を書き始めて、孫に電話してみました。あー、そんなことがあった記憶はあるけど僕が小さい頃だから……と電話の向こうの孫は笑っていました。

少年少女発明クラブは、四、五、六年生に教えているので、どっちにしても十歳くらい。その孫は現在は二十三歳!! 十二、三年前の話になります。すごい体験の一つでした。

その話を令和三年の少年少女発明クラブで話を聞かせ、同じ凧を作らせました。作り終わっても飛ばす時間がないため、十年前の鴉の山に、鴉はいるのか試しに僕が凧を揚げに行くことを約束しました。再現できたら、全員に声かけをし、ケーブルテレビ、またはテレビ朝日の「診百景」に投稿しようと思っています。まだ実行はしていません。乞うご期待ください。

33　日本一大きい鯉のぼりと宇宙メダカ

平成十二年（二〇〇〇年）くらいだったと思いますが、高校時代の同級生でお得意先でもある友人の新庄清弘君から、大分交通株式会社（大分県北部を主な営業エリアとする乗合バス・貸切バス事業者）に勤務されていた帯刀《たてわき》和男さんを紹介していただいたことがあります。

ある日のこと。何気なく大分交通㈱に立ち寄ると帯刀さんがいらっしゃいました。なにやら忙しそうな雰囲気でしたが、帯刀さんは社屋横にある喫茶店に僕を誘い、コーヒーを飲みながら話を始めました。

「二〇〇六年にドイツで、サッカーのワールドカップが開催されますよね。その時、日本代表選手が戦う会場の前夜祭として、日本の文化を紹介することになりましてね。私が歌や踊りの部の世話をすることになったんです」と言いながら、参加メンバーの一覧表を見せてくれました。そこには民謡、津軽三味線などのそうそうたる人たちの名前がありました。また、中国の万里の長城で書のパフォーマンスをやって有名になった人の名前もありました。

　僕は一通り名簿を見た後で、あることに気がつきました。数々の日本文化が並ぶ中に詩吟が入っていないのです。当時、僕は詩吟を習っていて、二十数年ほどの経験がありました。そこで帯刀さんに「詩吟がありませんね」と言ってみました。すると帯刀さんは「あ、そうですね。だったら幸さん、あなたがやってみませんか」とおっしゃるではありませんか。帯刀さんの口調があまりにも気軽だったので、僕もついつられて「いいですよ」と言ってしまいました。

　帯刀さんは僕の詩吟を一度も聞いたことがありません。その場で二十数年ほどの経験があると話しただけです。日本文化を代表するような人たちの中に、二十年を超す経験があるとはいえ僕のような人間が混じってもいいものか。とても心記になりました。

　僕自身も心配でしたが、誘った帯刀さんも心配になったのでしょう。こんなことがありました。ドイツに一緒に行くことになっている民謡の先生をはじめとする人たちとの顔合わせが、別府の料理店で開かれました。僕は、その場で帯刀さんから皆さんに紹介されました。紹介されると同時に「せっかくですから、詩吟を皆さんの前で披露してくれませんか」と言われました。事前の準備が何もない突然のぶっつけ本番です。最初こそ戸惑いがありましたが、詩吟を唸り始めると、すぐにいつもの調子が出ました。心にやや余裕が生まれると、僕を囲む先生たちの表情がわかるようになりました。頭を軽く振っている人がいたり、うなずきながら聞き入っている人もいます。

後で冷静になって考えてみると、この会は食事会という名の、僕の採用試験だったようです。なにはともあれ、試験にも無事合格。皆さんと一緒にドイツに行き、日本文化を代表する者の一人としてワールドカップサッカーの前夜祭に参加することになりました。

出発当日。成田で結団式が行われました。初めてお会いする人もたくさんいます。中には日本一大きな鯉のぼり（百メートル）を持参した、埼玉県加須市の六十人ほどの団体も混じっていました。

ドイツ到着後は、当日まで練習の日々。詩吟とともに着物姿で踊る人との合同練習も行い、なんとか様《さま》になってきました。こうして僕の生まれて初めてのヨーロッパの旅が始まりました。

練習の合間には受け入れ側のカイザースラウテルン市の歓迎式典があったり、日本チームがオーストラリアと初戦を競うスタジアムの見学も行いました。受け入れ側のカイザースラウテルン市の市長は日本びいきのようで、市役所の隣接地に一万三千平方メートルの日本庭園をつくっていました。この庭は建築家の赤松邦彦氏の助言を得て造成したもののようで、歓迎式典には赤松邦彦氏ご夫妻もいらっしゃっていました。

歓迎式典では日本一大きな鯉のぼりが大空を泳ぎ、同時に帯刀さんが持参した宇宙メダカの放流式も行われました。宇宙メダカとは、一九九四年七月に実施されたスペースシャトル「コロンビア号」で、向井千秋宇宙飛行士とともに十五日間宇宙飛行をした四匹のメダカのこと。宇宙で産卵された卵はふ化し、地球に戻ってからも宇宙メダカの子は子孫を増やし続けています。カイザースラウテルン市の日本庭園の池に放流されたメダカも宇宙メダカの子孫だったのです。日本一大きな鯉のぼりと一番小さな魚であるメダカとの共演は、そのユニークさから大いに注目されました。

前夜祭、日本対オーストラリアの試合、そしてドイツ国内の見学ツアーを終え、五泊六日の旅も終わりに近づきました。そう思うと、日本食を食べたくて仕方ありません。成田空港に到着するとすぐに、大分県から参加したメンバーは寿司屋へ飛び込みました。

こうして僕のドイツ旅行は終わったわけですが、考えてみれば不思議な体験と言わざるを得ません。一般的に、このような日本を代表するような団体のメンバーは、一個人がいくらお願いしても実現するものではありません。それがいとも簡単に実現したのですからただただ驚くばかり。これも僕に起きた奇蹟と言ってもいいでしょう。

日本文化を代表するメンバーの一員になれた理由は、帯刀さんの思いつきに過ぎませんが、この帯刀さんと出会うことになったのは、高校時代の同級生である新庄清弘君に始まります。

34　三階建の水槽の発明

平成二十年（二〇〇八年）十月十八日に、名古屋市においてに『第十一回宇宙メダカ研究会・名古屋大会』が開催されることになっていました。

「日本一大きい鯉のぼりと宇宙メダカ」の項で紹介したように、僕はちょっとしたことから二〇〇六年W杯ドイツ大会で日本の文化を紹介する団体の一員となりました。世話人を務められたのは前出の帯刀和男さんです。帯刀さんはドイツに宇宙メダカを持参して、カイザースラウテルン市の日本庭園の池に宇宙メダカを放流したことも紹介しました。帯刀さんは宇宙メダカ研究会の九州ブロック長でもあったので、こういう仕儀になったようです。その関係もあって、僕も宇宙メダカ研究会の一員になっていました。

宇宙メダカ研究会の名古屋大会を控えた帯刀さんから相談が持ちかけられました。

「今度の名古屋大会で、九州の代表として何か発表しなければならないんですが……」ということでした。帯刀さんは僕が『ＮＰＯ法人大分県発明研究会』の理事長を務めていたことをご存じだったので、何か案がないかと思われたのでしょう。突然のことでしたので僕も返答に困りましたが、ふとあるアイデアが思い浮かびました。

それは『NPO法人大分県発明研究会』の会員であるHさんのお話です。Hさんは植木に水性肥料を与える時、肥料をペットボトルに入れ、それを先端から土中に差し込むと、そのペットボトルから少しずつ水性肥料が土にしみ出していき、植木がそれを自然に吸収するというお話をされていました。

この原理を応用すれば、これまでにない画期的な水槽をつくることができるのではないか。そんな思いがわき上がってきました。それで帯刀さんにお話してみると「それは面白いですね。すぐにつくってください。そして、その経緯を名古屋大会で発表してください」と言われました。

こうして僕はこれまでにない画期的な水槽づくりに取り組むことになったのです。その結果が、現在「魚の展望台」と呼んでいる立体水槽です。メダカや金魚、熱帯魚を飼っているご家庭になら必ずある水槽にセットするだけで、魚たちが水槽を上がったり下がったり、自由に泳ぎ回ることができます。

「魚の展望台」の発明は、やがて「テラスのある水槽」の発明につながりました。こちらは魚たちが水槽から伸びたテラスへ出たり入ったりできるものです。どちらも原理は同じですが、見た目のインパクトが強いので多くの人の注目を集めます。

新型水槽をご覧になった帯刀さんにも大いによろこばれ、『第十一回宇宙メダカ研究会・名古屋大会』で発表することになりました。結果は大成功。多くの参加者から賞賛の声をいただきました。

帯刀さんとの出会い、そしてHさんとの出会い、そして僕の突然のヒラメキ。どれもが偶然であり、その偶然の積み重ねがこれまでにない水槽の誕生となったわけです。

35　小料理屋の女将との出会い

僕がまだ十九歳の頃のことです。大阪から別府へ帰ってきたのですが、住むところがありませんでした。

母は『料亭なるみ』の仲居として住み込みで働いていました。結局、母と同じ職場で仲居をしていた人の家に同居させてもらうことになりました。その人はお店では「スミちゃん」と呼ばれていましたが、本名は副島信子さんという人で、年齢は僕と同じ十九歳でした。

同居することにはなったのですが、副島家の部屋数はわずか二部屋でした。信子さんの母親とその妹さんが一部屋を使い、僕と信子さんがその隣の部屋を使うという割り振りでした。二部屋とはいっても襖を取り外しているので、大部屋に四人が並んで寝るという生活です。

僕が信子さんに何かをしてはいけないので、紐で僕の両手を縛っての就寝です（笑）。

その後、僕は別府ロープウェイ㈱で働くようになりました。そのうち同僚たちとも仲良くなって、彼らと亀川で下宿することになりました。そういうわけで、副島家から出ていくことにしました。結局、副島家に半年いたかどうか、今となっては覚えていません。副島家は女性ばかりだったので、僕に優しく接してくれたことがありがたかったです。

それから四半世紀が過ぎた頃。僕は別府ロープウェイ㈱に十年間勤め、その後独立して㈱ユキ商事を創設しました。もちろん別府ロープウェイ㈱も弊社の得意先になっていただきました。

ある時、別府ロープウェイ㈱内部の企画で、店内改装を行うことになりました。また、水分峠に近鉄グループがドライブインを所有していて、その中に喫茶店を設けることになっていました。そこで僕は、別府ロープウェイ㈱に一級建築士の青木茂先生を紹介しました。

すると別府ロープウェイ㈱の社長から「幸君、近鉄が一席設けるから、どこかいい料亭はないか」と尋ねられました。そこで別府でも一流と言われる料亭を紹介。当然、僕も皆さん（全員で十人）と一緒に同行しました。僕が紹介した関係で、まず僕が先に料亭へ入り、準備体制を確認しました。

一行が料亭の前へ行くと、料亭の責任者や宴会の席でサービスを担当する仲居が出迎えてくれました。僕はその仲居全員のことを知っていました。なぜかというと、母が勤めていた『料亭なるみ』が閉店したので、『料亭なるみ』で働いていた仲居たちがここの料亭で働いていたからです。僕も大人になって料亭を使うのはこれが初めてのことでした。

宴会を行う部屋に全員が着席すると、そこに信子さんがお膳を運んできました。僕が二十歳になるかならないかという頃に、同居させてもらっていたあの信子さんです。

あれから長い年月が経ちました。僕はすでに四十代の半ばだったと思います。顔を見ながら「お互いにいいおじさん、おばさんになったね」という話になりました。本当にびっくりの再会でした。

なんとなく昔の恋人に出会ったような気分になり、顔が赤くなったことを覚えています。もしも信子さんと結婚していたら、どうなっていただろうか……、なんてことも考えましたが、想像はできませんでした。

それからまた十年くらいが過ぎた頃です。ある小料理屋に信子さんがいるということを耳にしました。信子さんはその後仲居を辞めて結婚したとか。結婚相手が板前だったようで、独立して開店した小料理屋は大繁盛だったようです。

実は僕は、今もそのお店に時々顔を出しています。

僕が小学校三〜四年生頃、母と別府にいた時、仲居部屋に母と一緒に寝泊まりしたこともあり、その頃からの仲居さんたちで、偶然の出会いは、特別な気持ちにさせられた邂逅です。

36　鶴見岳別府ロープウェイの山上駅で見た夏の霧氷

別府ロープウェイ㈱には勤めていたことから、辞めた後も時々出入りさせていただいていました。

特に、三～四年に一度入れ替わる新しい社長が大阪から来られると必ずご挨拶に伺いました。

その日も、新社長へのご挨拶に伺いました。新社長の年齢は、僕より二歳下でした。趣味は鮎釣りとか。僕も釣りが趣味でしたが、海が専門だったので鮎釣りの経験はありませんでした。そこで、鮎釣りを教えてくださるようにお願いし、鮎釣りに同行させていただくように約束を取り付けました。

約束の当日、車で山の中を一～二時間ほど走ったところにある美しい川へ到着。鮎釣りの楽しさを教えていただきました。

ここまで来る車の中で、別府ロープウェイ㈱の開業（昭和三十七年十二月二十一日）の頃の話や、冬になると鶴見岳の山頂に付く霧氷《むひょう》の話などをしました。当時、別府にいらっしゃる観光客は、霧氷を見るために街からタクシーで別府ロープウェイの高原駅まで来られ、ロープウェイで鶴見山上駅へ霧氷を見に行くというお話をしました。しかし、霧氷見物には問題がありました。午前中は霧氷を見物することができるのですが、昼を過ぎると溶けて消えてしまうのです。お客様はせっかく来たのに帰るしかありません。開業して五十年近く経つのに、別府ロープウェイ㈱は何も対策を講じていませんでした。

そこで僕は「いつでも霧氷を見ることができる展示館をつくられたらどうでしょう」という提案を社長にしてみました。

すると「いくらくらいの予算が必要ですか」という質問を受けました。しかし、僕はそんなものをつくった経験がなく、その場では見積もることができませんでした。

見積もり以前の問題として、霧氷はどうやってできるのかということを説明しなければなりません。霧氷は空気中の水分が冷気と風で樹木に吹き付けられてできるということは知っていましたが、実際につくったことはありません。

社長は「では、研究しながらつくろう。掛かった費用は請求してくれ」とおっしゃいます。

さっそく冷凍庫の中古品（一帖くらいの大きさ）を買い、冷凍庫の中に加湿器と扇風機を入れてテストしてみました。しかし、一時間を過ぎても霧氷ができません。さらに一時間ほど観察。すると加湿器から出た水分がつららのようにはなりました。しかし、霧氷にはなりません。失敗です。

その様子を僕の息子が眺めていました。息子は東京で就職していましたが、将来、ユキ商事を継がせるために呼び戻していました。その息子が「親父、冷凍庫を二重にしたらどうだろうか」と言います。そんなことでできるのだろうかと思いましたが、「自分にやらせてくれ」と言います。それで二帖の大きさの冷凍庫の中に、それまで使っていた冷凍庫を入れて実験してみました。二～三時間ほど過ぎた頃のことです。冷凍庫を覗いてみると霧氷ができているではありませんか。

そこですぐさま別府ロープウェイの社長に電話しました。すると、社長はすぐさま別府から大分市にある我が社まで駆けつけてきました。

そして人工の霧氷を見るや否や「鶴見山上駅舎の二階が空いているので、そこに霧氷展示館をつくろう」ということになりました。これでようやく見積書を提出することができます。もちろん、得意の特許申請も忘れることなく行いました。それまでの技術では、雪をつくる特許や氷をつくる特許はありました。しかし、霧氷をつくる特許はなかったため、我が社がつくった霧氷製作器が日本一号となりました。

その後、記者会見を開き、別府ロープウェイの社長と僕とで霧氷製作器の誕生を発表しました。

僕が別府ロープウェイを退職してからの思いが実現した瞬間で、僕の中の大きな思い出の一つになっています。

霧氷製作器は夏の暑い日であっても霧氷観察を実現するもので、遠来のお客様への良いおもてなしとなりました。その社長との出会いがなければ特許など取れないわけです。冥途の土産ができた話です。

37　ＵＦＯ事件

僕が六十歳を過ぎ、会社を息子に渡してほっとしている頃のことです。ある時、僕が現役時代に一緒に営業に回った友人の佐藤岩男さんから電話がありました。別荘が数軒売りに出ているので、熊本の南阿蘇方面へ物件調査に行こうというお誘いの電話でした。これに僕も同意。往路と復路を変えて、夕方の五時過ぎに阿蘇を出発しました。

季節は、夏の終わり。静かな別荘地を後にして阿蘇大橋を渡り、国道五十七号（通称九州横断道路）へ出ました。佐藤さんは僕よりも五～六歳年上だったので僕が車を運転しました。

国道五十七号の赤水を通る頃には、すでに暗くなっていました。道なりに走っていると、矢倉式の送電線が左側から前方にポツンポツンと立っている風景が見えました。直線の道路の左前方には、小さく見える鉄塔の真上十メートルぐらいから鉄塔を照らす照明が見えます。こんなに暗くなってからでも鉄塔の点検作業をしているのだろうと、最初は思っていました。しかし、次の瞬間、その照明が左のほうへ移動し始めたのです。「ヘリコプターを使っているのかな？」と思いました。

しかし、何かが変です。やがて前方左手にうどん店の看板と、そのうどん店の駐車場が見えてきました。駐車場は四～五台が停められそうでしたが、その時は一台しか駐車していませんでした。それで、僕もハンドルを切って駐車場に車を入れました。

助手席の佐藤さんは左側のドアから外へ、僕は右側のドアから外へ出ました。すると照射を続けるヘリコプターらしきものが、地上百メートルぐらいのところを飛びながら僕たちがいる方向へやってきました。

「UFOかな……、佐藤さん」と声をかけ、そのまま見入りました。もしもヘリコプターならプロペラが大きな音をたてるはずですが、シーンとした環境の中を静かに右から左へ移動するだけです。

これは写真を撮らなければと気がつき、車のダッシュボードからカメラを取り出して、カメラを構えた途端、一気に左のほうへ移動したので、その方向を向いてシャッターを押しました。佐藤さんに何度となく「何も音は聞こえないね。ヘリコプターなら、こんなに近ければすごい音が聞こえるはずなのに……」と言って確認しました。

車のダッシュボードからカメラを取り出す時、佐藤さんは少し震えているように見えました。

やがて、謎の飛行物体は姿を消したので、車に乗り込んで帰路につきました。車の中での僕と佐藤さんの会話は、ヘリコプターか、ＵＦＯかという話で持ちきりでした。それから約二時間車を走らせて帰り着いたわけですが、二人ともキツネにでも騙されたような気になりました。

翌日、さっそくフィルムを現像に出しました。出来上がった写真を見ると、暗い画面に小さな光の点が写真の左端に写っていただけで、ほかには何もありませんでした。カメラを取り出してシャッターを押すまでに時間がかかり過ぎたのでしょう。がっかりでした。

その後十年間くらいの間、佐藤さんとは二回しか会っていません。

先日のこと。九電大分支店に電話して「送電線の点検をヘリコプターで行うのか。過去そういうことはあったのか」と尋ねました。すると九電は「ヘリコプターは所有していない。もしもヘリコプターを使うのなら福岡空港から借りて飛ばすことはある」という答えでした。さらに「過去にそういうことがあったのか調べてみます」で話は終わってしまった。

一体あれは何だったのでしょうか。

38　ＹＹさんとの出会い

大先輩であるＹＹさんとのつながりも面白いと思います。

僕が小学四年生（九歳）の頃、僕と弟（当時四歳）と母の三人で、別府市内の上原町で間借りしていました。母は『料亭なるみ』に仲居として勤めていたので、昼ぐらいから出勤します。僕は学校から帰ると弟と二人きりでした。僕たちが住んでいた家の道を挟んだ向かいの家に一歳年上の女の子（ＹＵ子ちゃん）がいて、三人でよく遊んでいました。また、ＹＵ子ちゃんのお母さんが、お菓子や芋を食べさせてくれたりしていました。

しかし、僕たち家族は引っ越しをすることになりました。今の家では母の勤務先が遠いので、勤め先の近くに引っ越すことになったのです。

それから十二年後。僕は高校を卒業し、さらに一年後には別府ロープウェイ㈱に就職していました。その頃、別府市北浜に亀の井バスターミナル（現在は北浜バスセンター）がありました。何かの用事で亀の井バスターミナルの前を通りかかると、小学四年生の頃、僕たち兄弟にお菓子や芋を食べさせてくれたYU子ちゃんのお母さんが、亀の井バスターミナルの掃除をしていました。懐かしく思って声をかけましたが、YU子ちゃんのお母さんはすぐに思い出せないようでした。しかし、一～二分で昔の思い出がよみがえってきたようで「まー、すっかり大人になって！」と笑顔で話し始めました。

YU子ちゃんのお母さんの話では、YU子ちゃんは別府近鉄百貨店のエレベーターガールをしていると聞かされたと思います。YU子ちゃんは一歳年上でお姉ちゃんのような存在でしたが、子どもの頃から目が大きくてかわいらしい女の子でした。

その数年後、僕は結婚し、妻が別府近鉄百貨店に勤めるようになりました。僕は同じ近鉄グループの別府ロープウェイ㈱に勤務。ときどき妻を迎えに別府近鉄百貨店へ行ったこともありますが、長い歳月が過ぎていたのでYU子ちゃんの顔は忘れていました。一度、エスカレーターのそばに立っている女の子に「YU子ちゃんかな？」と尋ねたことがありますが、それっきりです。

大きく横道にそれました。YYさんとどうつながるのかというお話です。YYさんは昔、『料亭なるみ』のフロントマンをしていたことがあります。そのため、僕の母をよくご存じでした。また、僕の親友に紙山さんという人がいます。紙山さんは宮崎県で働いていた時期があり、その頃の上司がＹＹさんでした。僕は紙山さんからＹＹさんを紹介されて話すようになりました。話していて驚いたことは、ＹＹさんの奥さんがあのＹＵ子ちゃんだったのです。

ＹＹさん夫婦は現在、滋賀県に住む息子さん夫婦に面倒をみてもらっているので、別府にはいません。別府にお住まいだった時の家は今もあるのですが、なんと我が家から二百メートルほどしか離れていないことが後日わかりました。さらに、その家は、現在、僕の孫が借りて住んでいるという偶然に偶然が重なったつながりがあるのです。

僕の母から孫に至るまで全員つながっていた、偶然!!

39　熊八塾（ＳＫさんとの出会い）

別府を今のような温泉保養地として、国際観光都市としてつくり上げたのは油屋熊八《あぶらやくまはち》という人でした。油屋熊八は四国の愛媛県宇和島市の出身で、別府に移り住むようになってからは明治四十四年に亀の井旅館（現在の別府亀の井ホテル）を創業したり、昭和三年には亀の井自動車（現在の亀の井バス）を設立して、日本初の女性バスガイドによる案内つきの定期観光バスの運行を開始したりしました。それほど偉大な先人ですが、時代の移り変わりとともに次第に忘れ去られようとしています。

そこで、別府少年少女発明クラブのニックネームとして「熊八塾」とネーミングすることにしました。

少年少女発明クラブは、公益社団法人発明協会の事業の一つで、日本の子どもたちを想像力豊かに育てることを目的としています。僕は別府市の少年少女発明クラブの指導員をボランティアとして務めています。このクラブの事務局としてボランティアを引き受けていただいたのが音楽教室の運営をされているＳＫさんです。

ＳＫさんのご両親は油屋熊八が創設した亀の井ホテル、亀の井バスに従事されていたこともあって、油屋熊八翁のことについていろいろと話してくださいました。僕は市民、県民から忘れ去られようとしている状況に歯止めをかけなければと強く思うようになりました。別府少年少女発明クラブのニックネームとして「熊八塾」はぴったりですが、より深く熊八翁のことを知ってもらうことにしました。具体的には発明の講演会に出かける際は、熊八翁の紙芝居を必ず持参し、講演先で子どもたちに見てもらうようにしました。

次代を担う子どもたちに熊八翁のような夢を持たせること。そして、別府市、大分県、日本はもとより世界のリーダーに育てたい。そんな思いを胸に、老体に鞭打ちながら、今も子ども教育に頑張っているところです。

それもこれもＳＫさんご一家の力強い後押しがなければできないことでした。とりわけＳＫさんとの出会いがなければ、これほど頑張ることもできなかったと思います。

この先も神さまからいただいた使命がある限り、頑張り続けたいと思っています。

熊八氏の会社の社員だった御両親!!　忘れ去られる熊八氏を後世に伝える役は幸さんですよ、と願うＳＫさんとの出会いは、神様からの仕業のようです。

40　作曲家・河村典比古さんとの出会い

僕の友人で、松村さんという僕より十歳くらい年上の方がいらっしゃいます。松村さんはガラス屋さんを営まれていました。松村さんとのお付き合いは、僕が㈱ユキ商事を創業して五～六年くらい経った頃からで、ガラス工事が必要な場合に工事をお願いしていました。

平成二十年ぐらいのある日のこと、松村さんから一本の電話をいただきました。内容はビル型の住居などの避難装置を考案、販売している人が四国にいるので、一緒に行ってみないかというお誘いでした。面白そうなので一緒に四国に行ってみることにしました。

四国行きにはもう一人参加者がいて、その人が河村典比古さんでした。お仕事は作曲家だとか。

当時、僕は少年少女発明クラブの指導員や大人向けの発明研究会を運営していました。大人向けの発明研究会には「発明音頭」という僕が作詞・作曲した楽曲がありましたが、子ども向けの少年少女発明クラブの楽曲がまだありませんでした。

そこで作詞は僕が行うので「河村先生には作曲を」とお願いしました。さらに「僕たちはボランティアで指導員を務めています。ついては、河村さんもボランティアで作曲を……」とお願いしました。すると河村さんから快諾をいただくことができました。

河村さんは大分市内に音楽活動の事務所をお持ちでしたが、別府市にも活動拠点があるとのこと。そういうわけで、打ち合わせは別府の音楽事務所で行いました。その別府事務所にいた人がＳＫさんです。ＳＫさんは少年少女発明クラブの活動をご覧になって、さまざまなアドバイスをしてくださいました。そればかりか、少年少女発明クラブの事務局をボランティアで担当してくださることにもなりました。

楽曲は意外にも早く完成。軽快なリズムが子どもたちにも好評で、ＣＤもつくりました。出来上がったＣＤは、東京に本部を置く発明協会に持ち込みました。そして発明協会の全国会議の席で僕が歌唱し、全国の指導員さんにも紹介しました。

今でも毎年行われる全国会議の資料の中に、時々、その楽曲が紹介されています。

公益社団法人発明協会が主催する少年少女発明クラブの歌の誕生。これも偶然としか言いようがありません。僕はもちろん、僕の子どもよりも長く生き残る（後世に残る）歌が誕生したわけで、とてもありがたいことだと思っています。

41　稲積水中鍾乳洞との縁

『ユキ商事』を起業して間もない頃、ある広告会社に勤務していたSさんという人が、独立して看板屋を始めました。そのSさんと二人で営業していた頃、大野郡三重町（現在の豊後大野市三重町）の山奥で稲積《いなづみ》水中鍾乳洞が発見され、近々オープンするという情報をSさんが持ってきました。さっそく二人で現地へ行ってみると、まだ工事の途中でした。しかし、オープンの日程が決まったら「看板を注文したい」と当時の稲積総合観光株式会社のA社長から言われ、喜び勇んで帰りました。

その後、大量の看板の注文をいただきました。オープン当初は珍しさも手伝って多くの観光客を集めたようでした。しかし十年が経ち、二十年、三十年という年月を経ていくうちに、次第に客足が遠のくようになっていったという話を聞くようになりました。さらに、すでに人手に渡っているという噂が耳に入ってくるようになりました。

そんなある日。友人から電話がありました。「今度、稲積水中鍾乳洞を経営することになった。ついては、いろいろな人から知恵をお借りしている。一度、相談に乗ってもらえないだろうか」という内容でした。

その友人とは、奥別府の遊園地（現在の城島高原パーク）でゲームセンターなどを経営している開世通商株式会社の兼光世治社長でした。

久しぶりに現地を訪れてみると、以前よりも美しく様変わりしていて、駐車場の横には『稲積昇龍大観音』（高さ二十二メートル）が建立されるなど、イメージも内容も一新されていました。もちろん兼光社長からの要請は快諾していましたので、さまざまな企画案などを提案させていただきました。

経営者が代わっても、なぜか縁が切れない稲積水中鍾乳洞との関係。そのことを思うと、ここにも不思議な偶然があるように思えてなりませんでした。

42　李永貴さんとの出会い

僕は店頭でちくわを焼く機械の改良型を発明したことがあります。これはちくわを刺す棒を金網籠にして、その籠に入る食材はなんでも焼くことができる万能焼の機械です。さらに、イベントなどがある時は乗用車の後部のトランクに入る小型の卓上型にしました。しかし、問題がありました。日本国内でつくると単価が高くなってしまい、必然的に機械が売れないのです。中国の工場に依頼すれば安くつくることはできるのですが……。と考えていたら、ある友人から李永貴さんのことを教えてもらいました。友人によれば、李さんは大分市内で中国料理店を経営しているとのことでした。そこで友人に李さんを紹介してもらい、李さんと一緒に夕食を食べることになりました。結果的に、李さんから紹介してもらった中国の工場に発注することになりました。

李さんは、中国で日本語学校を開いていて、中国人学生の日本留学を斡旋している人でした。また、日本で中国向けの仕事が発生したら、中国との橋渡しをする仲介業者でもありました。

　そんなわけで、僕が発明した機械は中国の工場で製造することになったのですが、その完成度については心配でした。そこで、製造を依頼した中国の工場へ出向き、自分の目で確かめに行きました。案の定、仕事が雑だったため、手直しに継ぐ手直しを指示。どうにかこうにか日本で販売できる機械が完成しました。

　結果的に販売価格を抑えることができ、計画段階の三分の一の売価にすることができました。しかし、僕の営業努力が足りなかったこともあり、十数台しか売ることができませんでした。

　李さんが住む中国の遼寧省丹東市という町は、北朝鮮との国境に接していて、人口は八十六万五千六百人（二〇一〇年）ほど。大きな街ではありますが、まだコンビニはないということでした。そこで、李さんがコンビニをつくることを企画。「幸さんの息子さんに店舗をつくってほしい」という依頼をいただきました。僕はさっそく息子を中国に送り込み、李さんのコンビニ一号店をつくりました。考えてみれば、李さんもなかなかの商売人です。

　こうやって仲の良い中国人の友人ができたこともあり、中国向けのビジネスの話が増え、それにともなって中国に行く回数も増えていきました。

僕自身、三歳まで中国の遼寧省瀋陽市で育っています。瀋陽市と丹東市は車で三時間の距離なので、瀋陽市を案内をしてもらったこともあります。このように外国人と知り合うと、急に世界が広がるもの。このことを自覚してからは、英語にも挑戦するようになりました。

話はちょっと逸れますが、別府市に住む僕の友人Tさんの、同級生が持つ貸家がありました。その貸家を借りに来た客が内装工事をするかもしれない、その時はユキ商事を紹介するからと言われた。その時はお願いしますと言っておいた。数日後、客を紹介してくれることになり、会ってみると、なんと、李永貴さんでした。

お互いに知り合いでしたので、仕事はスムーズに終わりました。

どうしても、二人は縁が切れない絆でつながっている偶然!!

李さんもびっくりしていました。大分別府の人口を加えて六十万、つまり六十万分の一の縁!!　すごいねー。

43　空飛ぶスーパーマン

公益社団法人発明協会が主催する少年少女発明クラブが全国に二百十八カ所あり、僕は別府少年少女発明クラブを担当しています。

二〇一一年からは「少年少女チャレンジ創造コンテスト」が全国のクラブを対象に始まりました。三人が一チームとして、各地区の大会を勝ち抜いた六十チームが全国大会に出場して、東京で日本一を決めるというものです。

その審査員に推薦されたことから、毎年東京に行きます（五年任期）。

その年は、運よく大分県から大分市と別府市の二チームが選ばれました。また、県内の各クラブも指導員が子ども三人を引率して大会前日に東京へ行き、一泊して次の日に会場でコンテストに参加。夕方の飛行機で大分へ帰ることになっていました。

この大会では別府のチームが全国で四位に入賞したのですが、思わぬことが起こりました。どういうことかと言いますと、大会の進行が不慣れだったこともあり、スケジュールが遅れ気味になったのです。別府・大分の指導員からは「もう少しで終わりそうだが、あと二十～三十分はかかるかもしれない」と連絡がありました。となると、飛行機の時間に間に合わなくなってしまいます。それで、終了を待たずに指導員と子どもたちは羽田空港へ向かうことになりました。本当は僕も一緒に帰りたかったのですが、審査員を務めていたために会場に残ることになりました。

もしも飛行機に乗り遅れた時は、どこかで一泊すればいいと腹を決めました。

僕は会場で出場者全員と写真撮影を終え、腕時計を見ました。果たして飛行機の出発に間に合うか。僕は一年に一度東京に行くか行かないかという程度で、地理的な問題や交通手段のことについても不安でした。とにかく急いで羽田空港まで行こうと考え、手荷物を持って会場の東京工業大学の体育館（東京都目黒区大岡山）を走り出て、最寄りの大岡山駅へ向かいました。そして駅員に羽田空港までの行き方を教えてもらいました。駅員が言うには「大岡山駅から大井町駅へ行き、そこでＪＲに乗り換えて品川駅へ行き、品川駅で京急に乗り換えれば羽田空港国内線ターミナルに着く」ということでした。僕はこれをメモして、メモの通りに羽田空港を目指すことにしました。最初は大岡山駅から東急線で大井町駅を目指します。駅員の話では、大井町駅のホームの右側に電車が止まるので、ホームの左側に止まっている電車に乗り換えればいいとのことでした。

電車が大井町駅に到着すると、ホームの左側に電車が止まっていました。その電車はまだドアが開いていたので、走り込んで乗車しました。僕が乗り込むとすぐにドアが閉まり、電車が動き始めました。

その時です。「幸先生！」という子どもの声が聞こえてきました。なんと僕の目の前に、全国大会に出場した別府の子どもたちが座っていたのです。「先生、どうやってここまで来たの？」と不思議そうな顔で尋ねられました。子どもたちも驚いたでしょうが、僕もびっくりです。もちろん、引率している指導員の先生も応援に来ていた保護者もびっくりしていました。それで「先生は空を飛んで来たよ」と冗談を言いました。それが十一月の出来事でした。

それから時が経ち、三月の閉講式を迎えました。僕が挨拶を終えると、東京の全国大会へ一緒に行った子どもから「あの時の話をしてください」とリクエストされました。それで、改めて全員の前でその時の偶然の話をしました。子どもたちからすれば、先に出発した自分たちに追いついた僕のことが不思議だったのでしょう。僕が思う以上に強烈な印象だったようです。以上が、空飛ぶスーパーマンのお話です。

44　G先生からの電話

G先生から電話をいただきました。G先生は僕が会長を務める『別府少年少女発明クラブ』が、ニューライフプラザ（別府市野口原）で、子ども向けの科学工作教室を開催した時の大分県立社会教育総合センターの担当者でした。僕は、毎年『別府少年少女発明クラブ』の子どもたちを同センターが管理する県内各地の『青少年の家』へ引率し、キャンプを体験させています。今回の電話は「大分県立香々地青少年の家へのキャンプの申し込みをいただき、ありがとうございました」というお礼の電話でした。僕はすかさず「交通費が高くて、頭の痛いところです」と言うと、次のような声が返ってきました。

「幸さん、ちょっと待ってください。そんな団体向けの助成金があったような気がするんです」と言って調べてくれました。

その結果、大分県には青少年の健全な育成を目指す県民運動の推進母体として『大分県青少年育成県民会議』という組織があり、その組織に入会（年会費：正会員三千円）して申請すると助成金を受けることができるようなのです。

そこで、僕はさっそく同県民会議に電話して入会手続の書類を『別府少年少女発明クラブ』の事務局へ送ってもらうことにしました。ここまでの経緯についてG先生に報告しておかなければ、と考えた僕はG先生に電話しました。ついでに、安いバス会社を探しているということもお話しました。すると、G先生は一、二社のバス会社の電話番号と担当者の名前を教えてくれました。

教えられたままバス会社に電話して用件を伝え、名前を名乗ると「ああ、やっぱり幸さんでしたか」との返事。「え？」と驚くと、僕もメンバーに名を連ねている『NPO法人大分県ベンチャー協議会』の会議で面識があるとのことでした。お話を手がかりによく思い出してみると、そのバス会社の社長の代理で出席されていたIさんでした。

偶然といえば偶然ですが、お陰で話はトントン拍子で進み、料金もこちらの希望額で折り合いがつきました。

G先生からの一本の電話から、助成金を受けられるようになったこと。そのお礼の電話からバス会社を紹介してもらえたこと。バス会社に電話すると旧知の人だったこと。そして希望額で料金の折り合いがついたこと。幸せ偶然とはこのことではないかと思いました。

45　空港で

ある時、僕が参加している『ときめき会』のメンバーたちとアメリカへ行くことになり、飛行機に搭乗するために空港へ行きました。

ところが、館内放送で飛行機が強風のため離陸できないというアナウンスが流れました。そのアナウンスが流れてからは、僕たちが乗る予定の飛行機の前の便までは次々に欠航になりました。そんな中、僕たちが乗る予定の飛行機はどうなるのかが、なかなかわかりませんでした。同じ飛行機で飛び立つ予定の人は、みんなイライラし始めます。僕一人だけが泰然自若としていました。なぜだか「飛行機は必ず飛び立つ！」と思えて仕方がないのです。

しばらくして、僕たちが搭乗する予定の飛行機の出発時刻が近づいてきました。すると運行開始のアナウンスが流れたのです。僕たちの前の便まで全部欠航ですよ。まったく不思議な出来事でした。もちろん、なぜそういうことになったのか、理由はわかりません。

46　いとこ（信次）の見舞い

僕は小学六年生から杵築市の西大内山にある叔父の家に預けられていました。

その家は、おばあちゃんと叔父夫婦、病死した先妻の子ども（信次）、後妻の長女（光子）とその弟（徳義）がいました。そこへ僕が混じったので七人家族になりました。

叔父は僕を長男と位置づけ、後は妹、弟とし「仲良くするんだぞ」と言いました。そして叔父である自分のことを父ちゃん、叔母のことをおばちゃんと呼ばせました。僕の養育担当はおばあちゃんで、僕を育てるための費用は、別府にいる母からの仕送りで賄われていたようです。

僕は小学校、中学校、高校ともこの家で卒業し、ここから社会へ巣立って行きました。

やがて、僕は別府で結婚し、生活するようになりました。杵築の家で僕の弟になった信次も別府に出てきて海産物の卸業をやっていました。

そんなある日、信次は友人から手形の裏書を頼まれました。金額自体はそれほどでもありませんでしたが、結局、振出人の弟の友人は倒産。信次の商売ではその金額を立て替える余裕はなく、それまで順調だった仕事もうまくいかなくなってしまいました。そうなると、取引先への支払いができなくなってしまいました。そんなことは関係ない借金取りは、毎日のようにやってきては支払いを急き立てます。こういう面白くない状態が続いたので、信次は酒に逃げるようになりました。深酒をしては酔っ払い、夫婦喧嘩も日常茶飯事のことに。そして、遂には離婚ということになってしまいました。信次本人も毎日の借金取りにうんざりしたのでしょう。どこかへ逃げてしまいました。

それから十数年が過ぎました。僕は信次がどこに住んでいるのかさえ知りませんでしたが、ある日、信次から突然電話がありました。信次によると今は名古屋にいるそうです。僕は「別府へ遊びに帰ってこいよ」と言いました。その後、一度だけ帰ってきたことがありました。

それからまた十数年が過ぎた日のこと。信次から電話がありました。信次によると体の調子が悪く、足が水ぶくれになったとのこと。医者に行くと健康保険に入っていないため、数万円を請求されたとのことでした。

信次は別府を出てから二十数年間にわたって国民保険に一銭も支払っていないらしいの

です。

そこで「よし、俺が別府市役所に相談に行こう」と言って電話を切りました。すぐに市役所へ行き、相談しました。すると係りの人は上司に相談。結局「この書類を本人へ送ってください」とのことでした。そうすれば健康保険証が発行できるらしいのです。僕はすぐさま書類を信次に送ってやりました。それから二〜三日後、信次から電話がありました。健康保険証をつくることができたという連絡でした。一安心ですが、歩くことができないほど病状は悪いようです。仕方がないのでタクシーで病院通いをし、結局入院。一カ月ほどして良くなったという知らせがありました。

ちょうどその頃、少年少女発明クラブの全国会議が開催されることが決まっていました。場所は名古屋です。そのことを信次に伝えると、どこであるのかと聞かれたので会場がある場所を伝えました。すると、「俺が住んでいる街だよ」と言うではありませんか。

少年少女発明クラブの全国会議の当日、会場がある場所の駅まで信次が迎えに来てくれました。改札口を出て目にした信次の姿は、パジャマのような服を着て、スリッパを履いていました。十年あまり会っていなかったので懐かしさもありましたが、その姿を見るとかわいそうに思えてなりませんでした。

会議は二時からだったので、一緒に昼食を食べて、その後で信次が住んでいるアパートを訪ねることにしました。

アパートは全国会議が開催される会場のすぐ近くで、直線距離だと百メートルほどでした。実際は駐車場をまわっていかなければならないのでもう少し距離がありますが、それにしても至近距離です。なんという偶然でしょうか。

信次が暮らしているアパートは、長屋式アパートの二階の一番端でした。部屋は二部屋でしたが、信次の性格でしょうか、きちんと整理されていました。

嫁とは離婚していましたが、再婚もせず一人暮らしをしているようです。寂しい時はギターを習っていると言い、一曲弾いてくれました。とても上手いギターでしたが、曲調は寂しいもので信次の心を表現しているかのようでした。

それから二人の子どものために預金を少ししていると、僕に通帳を見せてくれました。別れた妻子は今どこでどうしているのかわからないようです。娘が同じ愛知県の安城市に嫁いでいて、紡績工場で働いていることを耳にしたようですが、詳しいことはわからないようです。一度、娘の勤務先に電話をしたことがあるようですが、断られたそうです。

時が経つのは早いもので二～三時間を信次と一緒に過ごし、会議に出席するために信次のアパートを後にしました。夜は友人たちと出かけることになるだろうし、明日は別府に帰らなければならないと信次に伝えて別れました。

考えてみれば、信次のアパートのすぐそばで会議があるという不思議な偶然。これは息子のことを心配した亡くなった父ちゃん（叔父）が天界から仕組んだ仕業なのではないかと思えてなりません。

治男!!　信次の様子を見てきてくれ!!　と声が聞こえてきそうです。

47　天界は存在する

名古屋の病院の医師から電話がかかってきました。

「幸信次さんのお兄さんですか。信次さんが私の勤めている総合病院に入院しています。病気のことでお話したいことがあるので、こちらへ来ていただくことはできないでしょうか」という話でした。

「他にも兄弟がいますので、相談したうえで一週間以内には伺いたいと思います。それで、弟の具合はひどく悪いのですか」と尋ねると「そうですね」という返事でした。

すぐに杵築にいる弟に電話しましたが断られました。それで、東京に嫁いでいる妹に電話をしてみました。すると仕事の切りがつくのが金曜日なので、土曜日に決めようということになりました。

信次の容態が悪そうなので早く行きたいと思っていましたが、その気持ちを抑えて土曜日を待ちました。

結局、妹は東京から、僕は別府からＪＲに乗り、総合病院がある駅で合流して病院へ行きました。受付で信次の病室を尋ねると七階とのこと。七階にある病室のドアをそっと開けると四人部屋で各ベッドをカーテンで囲っていました。

信次のベッドはすぐにわかりました。カーテンの中を見ると信次がベッドの手すりを両手で持ち、横になっています。息遣いは少し荒い感じでした。信次に向かって「おーい」と呼びかけると、横目で僕たちを見て、やがて「おー」と声を発しました。しかし、それ以上は話もできず、苦しみに耐えている様子でした。そこで僕と妹は勝手に椅子をベッドの横に置いて二人で腰掛けました。そのまま十～二十分くらい無言でした。なんと哀れな姿でしょう。やがて信次は起き上がって自分で歩いてトイレに行こうとしました。そこで僕は両腕の脇を抱え、トイレの入り口まで妹も付き添いました。信次がトイレに入って十分間くらい経ちました。なかなかトイレから出てきませんでしたが、ようやく出てきました。一言「出ない」と言い、またベッドに戻って横になりました。

再び、沈黙。看護師さんに尋ねると「先生は用事で今日は帰ってきません。月曜日じゃないと会えません」と言われました。

さて、どうしたものか。沈黙の中で考えた末、妹に「このまま何時間もここにいてもどうしようもない。それで今まで信次が住んでいたアパートにでも行こう」と話しました。僕と妹は立ち上がりました。そして、妹がお見舞いの袋を置こうとしました。僕が「こんな病人には不要なのではないか。いくら入れているのか」と聞くと三万円入れているという答えでした。

僕は往復きっぷなので別府まで帰ることはできますが、余分なお金は一万五千円ほどしか持ち合わせていませんでした。月曜日に医師に会うためには二日間滞在しなければなりません。その見舞金を加えると二泊することができます。それで、妹に「俺がその見舞金を信次から預かったことにして、月曜日に先生に会うようにするよ」と言いました。妹もこれを了承。信次のアパートに向かい、部屋を見せてから駅ビルのホテルを予約しました。その後、妹と一緒に夕食を食べ東京に帰らせました。

僕はホテルの部屋に戻りましたが、何もすることがありません。テレビをつけてみましたが、面白そうな番組がなかったので十時頃には寝ました。

一時間ほど寝たでしょうか、携帯電話が鳴りました。電話に出ると弟の病院からで「弟さんが危篤です」とのことでした。

僕は血の気が引く思いで服を着て、タクシーに飛び乗りました。時刻は十一時過ぎ。病院に着くと玄関は閉まっていました。夜間の出入り口を探すために病院のビルを一周するように探していると、ビルの間に小さな明かりが見えました。確かに夜間出入口と書いてあります。僕はドアを開けて中へ入ってみましたが、内部は消灯されていました。仕方なく非常灯の明かりを頼りに薄暗い中、エレベーターを探して七階まで行きました。昼間一度来ているので、少し様子がわかります。やがてナースステーションを見つけたので名前を名乗り、先ほど電話をもらったことを話しました。すると看護師さんから「先ほどお亡くなりになりました」と告げられました。

亡くなった信次に対面して、顔を覗き込み名前を呼びましたが、何も反応はありません。すでに冷たくなっていました。

さて、どうすべきか。考え込んでいる僕に看護師は「ご遺体はどうされますか」と尋ねてきました。「僕も初めてのことなので、どうしたらいいのかわかりません。皆さんはこんな時どうしているんですか」と逆に質問しました。すると「葬儀社にお願いされていますとのことでした。「では、葬儀社の電話番号を教えてください」と言うと、葬儀社の一覧表を持ってきてくれました。

最初に載っている葬儀社に電話をすると「一時間後に伺います」との返事でした。

その間に看護師さんたちが信次の体を拭いて清め準備をしてくれるようです。

僕は暗くて静かなロビーのような場所の椅子で、一時間ほど待ちました。やがて看護師さんが「葬儀社さんが着きました」と知らせに来てくれました。

僕は信次の寝間着とベッドの上に置いてあったポシェット、洗面具などを袋に詰めて、一緒に車に乗り込みました。

それから二十分ほど走ったでしょうか、大きな葬儀社に到着しました。時刻は深夜二時過ぎです。葬儀社の社員は宿直を兼ねた人で、今から見積もりをしますとのこと。加えて、お支払いは現金でお願いしますと言い出しました。

「僕は九州から見舞いに来ただけなので、大金は持っていません。困ります」と答えました。

それでも見積もり作業が進み、総額で七十〜八十万円と出ました。次に、見積書を僕がチェックして不要なものを消していきました。すると、最終的に総額で十八万円になりました。

葬儀の担当社員から病院から交付された死亡証明書を持って市役所に行き「この書類に印をもらって……」と手続きの方法を教わってからようやくホテルに帰りました。時間はすでに五時近かったと思いますが、朝九時までは寝ようとベッドで横になりました。

やがて朝になると、葬儀社から教わった手続きをすべて処理しました。

後は月曜日の葬儀を残すのみです。朝九時に葬儀社へ行き、それから火葬場へ行くというスケジュールになっていました。したがって明日の朝までは時間に余裕があります。一方で支払いについての不安が消えません。弟の通帳がポシェットに入っていましたが、月曜日に引き出さなければ支払いができないことになってしまいます。日曜日ではありましたが、市役所に死亡届を出して受理されたので、月曜日に銀行に行ってもお金の引き出しにストップがかかることが予想されます。

また、今日中にアパートの家賃の支払いと部屋の片付けなどを不動産会社と打ち合わせておかなければなりません。幸いにもアパートの管理をしている不動産会社とは電話で話がつき、片付け金額も九万円ということで約束することができました。

次に、信次のアパートへ行くことにしました。信次のポシェットの中で車のキーらしきものを見つけましたが、車をどこに停めているかがわかりません。信次の部屋から外を見ると、隣の駐車場には車が百台くらいありました。この中から見たこともない信次の車を見つけ出すことなどできるものではありません。それでも駐車場へ行ってみることにしました。アパートの二階から駐車場に行ってみると、駐車場のフェンス側の道路上に一台の軽四が路上駐車しているのが見えました。ひょっとすると、信次の車かもしれないと思いました。それでその車のドアにキーを差し込もうと考えたのですが、誰かに見られて泥棒と思われることが心配でした。しばらく思い悩んだ結果、勇気を出してその軽四にキーを差し込んで回して見ました。すると、ガチャっと開錠することができたのです。

「やった！」と思いました。なんと一発で信次の車を見つけ出したのです。これも奇跡的な偶然です。僕は運転席に座り、エンジンを掛けてみると、これまた一発で掛かりました。

なんだかすごく安心して部屋に戻りました。必要な物を持って帰ろうと思うのですが、どこに何をしまっているかということがわかりません。テレビの横に本と書類が並べられていました。ふと書類を見ると、保険の切り替えの封筒のようでした。それで、そのあたりの書類をすべて袋に入れました。また、信次が大切にしていたギターなども車に積み込みました。冷蔵庫には腐るものはなかったのでそのままにしておきました。洋服ダンスの中の服も、もったいないことですが全部残しました。これらはいずれ片付け専門の業者がやってきて処分してくれるはずです。

次に大家さんの家を住所を手がかりに車で探しました。このあたりには前に一度来たことがあるだけで、どこに何があるのかさっぱりわかりません。大分と違って大都会であることもあって、道もわかりません。それでも尋ね尋ねてようやく大家さんの自宅を見つけました。大家さんは八十歳を過ぎた老夫婦でした。僕は挨拶をし、次のように言いました。「僕はアパートをお借りしていた幸信次の兄です。弟の具合が悪いということだったので、昨日九州の別府から見舞いにやってきたのですが、昨夜亡くなってしまいました。詳しいことは知りませんが、これまで家賃の未払いはありませんでしたでしょうか？」するとと「あの人は一度も家賃の支払いが遅れたことはありませんでした」とのことでした。

それを聞いて安心して、「部屋の片付けは不動産会社にお願いしていますのでご心配なく」と言って名刺を残して帰りました。

そして月曜日の朝が来ました。葬儀社には八時三十分までに行くようになっていました。葬儀社までの道は不安でしたが、なんとか時間内に到着することができました。

葬儀が終わると、遺体を棺に入れたまま霊柩車に乗せられました。僕は信次の車で霊柩車の後について、小高い丘の坂道を走って火葬場を目指しました。途中、信次の預金通帳にあった銀行の小さな支店を見つけました。その場所をしっかり頭に叩き込み、やがて火葬場へ到着しました。

火葬する台の上に載せられた弟の姿を見て、どれほど寂しい人生だったのだろうかと考えたら、涙が止まらなくなりました。

当初、僕は日帰りのつもりだったので着替えを持っていませんでした。それにもかかわらず汗が噴き出しました。

信次にお別れを告げると、遺体は棺のまま火葬場の火葬炉の中へ入って行きました。

これから僕は銀行に行かなければなりません。どのくらいで戻ってくればいいかを火葬場の職員に尋ねると、一時間くらいとのこと。すぐに車に乗り、来た道を下って行きました。

しばらくすると、火葬場に行く途中で見つけた小さな銀行がありました。銀行の中は涼しかったのですが、それでも汗が流れました。

ポシェットの中から弟の運転免許証を取り出し、その内容をメモしました。引き出す金額は三十万円と決めていました。五十万円では額が大きいので、出しにくいかもしれないと思ったからです。再び汗が流れました。印鑑は実印しかないので、これを使うしかありません。お金を引き出すための書類を書き始めたら、なぜか金額欄に五十万円と書いてしまいました。一瞬、書き直そうかと迷いましたが、印鑑を押して窓口の女性行員に渡しました。

この銀行にはその女性と、奥に一人の男性行員が机に座っているだけでした。

「幸さん、運転免許証か何か本人確認ができる書類をお出しください」と言われたので、弟になりすまして信次の運転免許証を出しました。運転免許証の写真と僕は別の顔です。ドキドキする胸の鼓動が聞こえてきそうです。椅子に掛けて待ちましたが、汗が出るばかりでTシャツはびしょ濡れ状態です。しばらくすると、もう一人の女性客が呼ばれ、帰っていきました。残るは僕一人です。銀行の奥から紙幣を数える機械の音が聞こえてきました。

「幸さん」と声がかかりました。そして「もう一度、運転免許証を見せてください」と言われました。やはりバレたかと思い、がっくりしながら運転免許証をポシェットから取り出しました。

一～二分が過ぎた頃、再び「幸さん」と呼ばれ、トレイに載せられた五十万円が渡されました。安心すると同時に、少しでも早く銀行から出て行きたいと思いました。

しかし、ここで焦っては怪しまれるかもしれません。それで、はやる心を抑え、ゆっくりと現金をポシェットにしまい、同じようにゆっくりした足取りで銀行を出て行きました。すでにシャツは汗で縞模様。ドアを開けて車に乗り込みました。

この車はフットブレーキを踏んだ状態でなければ、エンジンがかからない仕組みになっています。そこで僕はブレーキに足を置くのですが、足がガタガタと震え、ブレーキから五センチくらい跳ね上がってしまうのです。

僕は自分に「落ち着け！」と命じ、なんとかエンジンを掛けることに成功しました。ところが、駐車する際に車の前方から入れてしまったため、バックしなければ出庫できません。後悔先に立たずです。なんとかバックして通りに出ました。火葬場へ戻らなければならないのですが、途中で道が分岐していてどちらを進めばよいかわかりません。勘を頼りに一方の道を進んで行くと、丘を上ったところに見覚えのある建物がありました。火葬場です。急いで建物の中へ飛び込むと、骨になったばかりの弟が火葬炉から出てきているところでした。

竹箸で骨壷に納める方法を教わりながら遺骨を骨壷に入れていき、最後に係員が白い風呂敷に包んで僕に渡してくれました。火葬場では特に支払いはありませんでした。

再び丘を下って行き、葬儀社へ葬儀費用の支払いに行かなければなりません。途中で道に迷いそうになりましたが、なんとか探し出して車を駐車場に停めました。

フロントに行って精算を依頼すると、冷たいお茶を出してくれました。喉が渇いていたので、お代わりをして二杯飲みました。

精算を終わり葬儀社を出たのは十一時過ぎでした。次は総合病院に支払いに行かなければなりません。車で走っていると、川を挟んだ対岸に総合病院が見えました。橋のある道を探しましたが、なかなか見つかりませんでした。ようやく橋を見つけて対岸へ渡ると、今度は総合病院の姿が見えません。今度は川沿いの道を進みました。すると、ようやく総合病院の高いビルが見えてきました。しかし、駐車場は満車でした。仕方がないので、駐車場と土手の道路の境に路上駐車しました。

心の中では、早く大阪の南港まで行きたいという気持ちが高ぶっていました。病院の玄関から内部へ入って行くとベンチ式の椅子がずらりと並んでいました。その前には二十メートルぐらいのカウンターがあります。案内板を見ると、一番端が会計のようです。ここも順番を待つ人であふれています。カウンターの中には支払い業務をしている女性とは別に、コンピュータに向かっている女性がいました。

僕は「すみません」と声をかけ、九州に行くための船に乗らなければならないので、急いで精算してもらえないだろうかという旨を伝えました。すると、その女性は立ち上がって幸信次の精算書を先に処理してくれました。

葬儀社への支払いが十八万円、病院への支払いが十九万円。合計三十七万円が支払いに消えました。五十万円引き出しておいて大正解でした。これも天界の親父が三十万円じゃ足りないぞということで、僕に五十万円を引き出させたのではないかと思えてなりませんでした。

支払いを終えてからはガソリンスタンドへ向かいました。ここで高速道路の入り口を尋ね、ガソリンを満タンにした軽自動車で高速道路へと向かいました。

それまで助手席に遺骨を置いていましたが、急ブレーキをかけて前に落ちると悪いので、助手席の床に置きました。「そこで辛抱しておけよ」と声をかけ、ようやく帰路につきました。知らない街で慣れない車を運転するというのは本当に緊張するものです。ハンドルを握る手にまた汗が出てきました。

車内を見渡すとカセットテープが目に入りました。カセットテープをデッキに押し込んでみると、僕が好きな美空ひばりの曲が流れてきました。次から次に流れる歌を聴いていると、信次の人生そのものを歌詞にしたような歌が流れてきました。その歌は胸が痛くなるような、心に刺さるものでした。

よし、フェリー乗り場の南港に着くまでに覚えてしまうぞと心に決めました。歌詞を噛み締めるように歌ってみると、信次のこれまでの暮らしを想像することができ、涙が自然に出てきます。泣きながら、歌を覚えるドライブになってしまいました。

途中、サービスエリアに立ち寄り、涙を洗い流して桟橋への行き方を教わりました。そして再び車を走らせ歌い続けました。

名古屋を出発したのは昼過ぎでしたが、フェリーが出港する時間には余裕を持って到着しました。

そして翌日は別府に無事到着。遺骨になった信次を仏壇に安置しました。

僕はこれまで数々の奇遇や偶然を体験してきましたが、この時の出来事は、偶然に偶然が重なった出来事でした。

まず、病院から電話があり、弟の見舞いに行くとその日のうちに信次が亡くなったこと。信次の車を一発で見つけたこと。銀行から現金を引き出せたこと。三十万と決めていたのが何故五十万と書いたのか？　大都会で道に迷いながらも目的地に到着できたこと。慣れない車を運転して事故も起こさずに別府まで帰ることができたこと。

これらのことはすべて天界にいる信次の父親があの世で画策したことのように思えてなりません。

ついでに書き添えると、信次のアパートから持って帰った書類の中には生命保険の保険証や預金がありました。これらは別れた妻、二人の子ども、そして信次が生前お世話になった人に異存がないように配分しました。これについては天界の本人はもちろん、その父親も僕がしたことについて微笑んでくれている気がしました。

48　阿部のおばあちゃんとの出会い

我が家の前に『阿部アパート』という賃貸住宅があります。一号室の住人が阿部さんです。阿部さんは高齢で九十歳は超えていると思われます。阿部さんは、夏になると部屋の前で夕涼みをよくされていました。また、僕が植木の手入れをしていると、いろいろな手入れの方法を教えてくれる、とても親切なおばあちゃんでした。

しかし、高齢になって不便なことも増えたのでしょう。阿部さんの子どもたちが近くの老人ホームへ入居させたことから、お目にかからなくなってしまいました。

ちょうどその頃、僕の友人の一人が別府のホテルを購入してオーナーになりました。その友人は別府市の出身ですが、現在は東京で暮らしているため、月に一度くらいしか別府にやってくることができません。

そんなことから「ホテルの仕事を手伝ってほしい」と言われました。その時はすでに自分の会社『ユキ商事』を息子に任せ、僕自身は会長職に納まっていました。ですから手伝うことはできましたが、僕にとってホテルの仕事は未知の世界です。ホテルの仕事には調理場、営業、裏方、風呂の清掃などがあるので、これらの仕事を一通り覚えることから始めました。

昼間のホテルは割と時間があり、事務所の予約受付の女性や経理の女性と世間話をよくしていました。その世間話の中で経理の女性が杵築の出身だとわかりました。僕自身も杵築の出身なので「高校は？」と聞くと「杵築高校です」とのことでした。僕も杵築高校のOBです。どうやら彼女は僕の後輩のようでした。その日は仕事のこともあり、話はそこで終わりました。数日後、高校時代の話を先日よりも詳しく聞くと、彼女は二学年下で、当時の先生や僕の同級生のことについても知っていました。

そんな話の後「幸さんはご住所が（別府市）鶴見だそうですね。実は私の母もちょっと前まで鶴見に住んでいたんですよ。でも、事情があって老人ホームに入ってもらって……」と言うではありませんか。「もしかすると旧姓は阿部さん？　お母さんは阿部アパートにいなかった？」と聞くと、びっくりして「そのとおりです」と言うではありませんか。

「僕はね、あなたのお母さんにとてもお世話になったんですよ。本当に優しくて楽しいおばあちゃんでした」

出身地が同じで、同じ高校の卒業生というケースはそれなりにあるものです。しかし、我が家の玄関の前にあるアパートの住人だった女性の娘さんと同じホテルで働くことになろうとは思ってもみませんでした。まさに不思議なご縁です。

49　愛猫「パーコ」との再会

偶然の再会は人間ばかりではありません。亡くなった愛猫とも再会したことがあるのです。どういうことか説明しましょう。

僕は釣りが好きです。その日も我が家からクルマで十分ほどのところにある別府国際観光港の付近へ釣りに行きました。釣りを終え自宅に戻ると見知らぬ猫がいました。どうやら孫が拾ってきた猫のようです。孫は猫を自宅へ連れて帰りましたが、面倒をみることができません。その孫は僕の長男の子どもです。長男は離婚していたため、僕の女房が長男と三人の孫の面倒（食事・洗濯・掃除）をみています。猫は三人の孫のうちの次男が拾ってきたものでした。拾ってはきたものの、自分たちのことさえできないのに猫の面倒をみることなどできるものではありません。結局、僕の女房が我が家へ連れ帰って面倒をみることになったようです。

僕も子どもの頃から猫のいる家庭で育ったので、猫が嫌いではありません。猫を「パーコ」と名付け、猫のトイレや寝床をペットショップで買い求め、自宅で飼い始めました。パーコは生後一～二カ月くらいのキジネコです。顔が丸く、尾も細長く、なかなかの美猫でした。

それから一年くらい過ぎた頃のことです。隣家の人がやってきて「幸さんちの猫じゃないかしら。車に跳ねられているよ」と教えてくれました。我が家から二十メートルほど離れたところに車の往来が多い広い道路があります。「まさか！」と思いながら走って見に行きました。猫が道路の端に横たわっていました。顔を見ると確かに我が家のパーコに違いありません。パーコが見るも無残な姿で死んでいました。

それから一週間が経ちました。その日も釣りを楽しもうと、別府国際観光港へ出かけました。すでに数人が並んで釣り糸を垂らしていました。僕もその中の一人となり、釣りを始めました。その時です。何気なく後を振り向くと、二～三メートル後方に猫がいました。釣り人から小魚を貰って生活しているのでしょう。

その猫をよく見ると、なんと我が家のパーコです。「いや、うちのパーコは亡くなったばかりだ」と目をこすりました。しかし、実によく似ています。

不思議に思いながら、孫がパーコと出会った時の話を思い出しました。その日、孫も別府湾で釣りをしていて、小さな子猫三匹と出会ったそうです。孫はその中でもっともかわいい猫一匹を連れ帰ったそうです。そのことを確認しようと思い、長男のケータイに電話を掛けてみましたが、なかなか電話に出てくれません。

僕は、すでに釣っていた小さなアジを四～五匹投げてやりました。するとパーコによく似た猫は、その中から一匹のアジをくわえて離れていきました。ほかにも十メートルほど離れた所にもう一匹の猫がいるようですが、野良猫だからでしょう、近づいてきません。

できることなら捕まえて自宅に連れ帰りたいところですが、全然近づいてくれません。その時、長男から電話がかかってきました。さっそくどこでパーコを拾ったのかを尋ねると、僕が釣りをしている場所とのことです。ということは、この二匹はやはりパーコのきょうだいなのかもしれません。

人間に拾われて育てられ短命だった猫と、日々の生活の糧を得ることに懸命な野良猫。どちらが幸せなのでしょう。そんなことを考えました。

それからも何度か同じ場所へ釣りに出かけました。しかし、パーコのきょうだいと思われる二匹の野良猫に会うことは、その後ありませんでした。

50　ＴＴさんとの出会い

僕とＴ家とは付き合いが長く、三十数年を数えます。僕の友人で、ある会社の社長を務めていらっしゃったＴさんは会社を勇退。その弟の専務も亡くなり、専務の代わりに専務の息子さんが川崎重工を辞めて別府に帰ってこられ、会社を継がれることになりました。その息子さんがＴＴさん（年齢は五十歳過ぎ）です。

ＴＴさんは別府に帰ると、僕を訪ねてきてくださいました。なぜかというと、亡くなられた専務が生前「一度、幸という人に会ってみなさい」とＴＴさんに言ったことからでした。

ＴＴさんは人づてに、僕が発明関係のことに長く携わっていて、子どもたちの創造力を高める教育と、物づくりを軸とした少年少女発明クラブを運営していることを聞かれていたようです。そして、「幸さんの役に立てることをしたい」と申し出てくれました。

そこで、僕は少年少女発明クラブの指導員として、一緒にボランティアをしてくれるようお願いしました。もちろん、ＴＴさんは快諾してくれました。

ＴＴさんは東京大学を卒業した大変優秀な人です。それまで会社勤めでリーダーシップも持ち合わせているという指導員として文句なしの人材でした。

改めて考えてみると、僕は本当に運が良い人間だと思います。指導員が不足する中、おもちゃづくりのＭＹさんを指導員として仲間に加え、さらにＴＴさんも指導員として獲得。お陰でクラブが明るくいきいきとしてきたように感じました。

この出来事は長年苦労しながらボランティアで指導員を続けてきた僕に対する、神さまからのご褒美のように思えてなりませんでした。

51　カラオケ喫茶のママさんとの出会い

別府市のすべての小学校では、夏休みの宿題として工作物を学校に提出しなければならないことになっています。提出された工作物は学校で展示するのですが、それだけではもったいない。ということで、別府市のアーケードのある商店街と打ち合わせをして、工作物をアーケードにも展示することにしました。具体的には、通りの真ん中に長テーブル四十脚を一列に並べます。この上に各校から貸し出された出来の良い作品（一校あたり十～十五点ほど）を並べて展示します。これを市民や観光客に見ていただこうというイベントです。

このイベントは三十年前から取り組んでいたこともあり、僕はその商店街の商店主たちの間では顔馴染みになっていました。

商店主の中の一人は、衣類雑貨店を経営していたママでした。そのママが言うには「今度は違うビルでカラオケ店を経営したいと思っている」とのことでした。僕は歌が好きでお店の常連になっていたこともあり、宣伝の意味もあったのでしょう(カラオケ喫茶開店)。

このママがいなければ、僕と№52のＭＹさんとの出会いはなかったわけです。そう考えると不思議なつながりで、まるで見えない紐でつながっているかのようでした。この世には人間には推し量ることができない運命のいたずらがたくさんあるものです。

52　おもちゃづくりのプロとの遭遇

以前の項でもお話したように、僕は別府少年少女発明クラブの指導員を務めています。少年少女発明クラブでは年に一回、二十〜三十人の小学四〜六年生を募集。年間で二十回以上の授業を実施しています。しかし、こういった活動も二十年、三十年と続けていくと指導員が年齢を重ね、勇退者も出てくるようになります。端的に言えば、指導員不足で指導に苦労しているというわけです。若い指導員を育成していかなければならないことはわかっているのですが、指導員は全員がボランティアです。若い人は仕事があるうえ、ボランティアを希望する人は残念ながら稀な存在です。

そんな悩みを抱えていたある日、友人が経営するホテルへ遊びに行きました。そのホテルでは別府市内の某中学校を卒業した人々の同級会が開かれていました。

たまたまその中の一人の女性が、僕が時々利用するカラオケ店のママでした。彼女は会場からロビーへと降りてきました。僕がロビーにまだいるかどうか確認に来たのです。どうやら僕に話があるようでした。彼女の話によると、①同級生の中に大阪から別府に越してきて、別府で老後を過ごそうとしているMYさんという人がいる。②そのMYさんから別府で子どもを対象に工作などをしているサークルはないかと尋ねられた。③彼女は僕のことを思い出して「あるよ」と返事をした、ということでした。そして、僕に一枚の名刺を手渡してくれました。

それから三カ月ほど後のこと。彼女から電話があり、大阪から別府に帰ってきたMYさんが僕に会いたいと言っているとのこと。それで直接お会いして話をしました。聞くところによると、子どもが好きで、大阪のおもちゃづくりの学校に数年間通っていたことがあるとのことでした。年齢は僕よりも二歳下の昭和十九年生まれであることなども話してくれました。

僕にとっては夢のような願ってもない人の登場です。心から感動した瞬間でした。それは単純にMYさんが指導員を引き受けてくれたという喜びだけではありません。別府少年少女発明クラブの前途が大きく開けたような気がしたからです。MYさんにすれば偶然別府に別府少年少女発明クラブがあったというだけのことかもしれません。しかし、僕にとっては天界の神さまが、僕の元へMYさんを差し向けたのではないかと思えました。

その後、少年少女発明クラブを通じて、ＭＹさんとの交流が深まっていったことは言うまでもありませんが、神さまからの偶然という名の贈り物はこれだけではありませんでした。

前出（№29）のＴさんとの出会いで紹介したＴさんの兄と、ＭＹさんの姉が夫婦であることがわかったのです。第三者からすれば偶然の一言ですが、僕には奇跡的なつながりに思えて仕方がありませんでした。

不思議なつながりの話はさらに続きます。別府市の鉄輪という温泉街で、僕の同級生がスナックを経営しています。僕はその店の客として、月に一、二度出向く程度でした。ある日のことです。僕がカウンターで飲んでいると、夫婦らしき客が店に入ってきて、僕の隣に座りました。

二人はしばらく飲んで歌も出始めた頃です。その店のママがその夫婦に僕を紹介しました。

「こちらは、別府少年少女発明クラブをやっている幸さんです」と。

すると、奥さんがびっくりして「私の伯父をよろしく！」というのです。あっけにとられていると「ＭＹは私の伯父です」と言うではありませんか。僕はこの偶然のつながりにびっくり。そんなこととは知らないお店のママもびっくり。その夜は楽しい時間が続きました。

53　別府少年少女発明クラブのキャンプでの出来事

毎年恒例で七月末に一泊二日のキャンプをしています。

平成三十年頃の夏のキャンプの話です。生徒（小四～六年）十人くらいと、保護者三、四名と、指導員四、五人で別府国際観光港の交通センター前に集合し六台くらいの保護者、指導員の車に分乗して出発、国東半島北側の香々地青少年の家へ向かった。

僕は、大分少年少女発明クラブ指導員の後藤忠之さんに、応援をお願いしていた。僕が乗った車は、その後藤さんの車でした。乗ってみると、後藤さんの奥さんと長男（二十四、五歳）と四人で、スタートしました。応援に来てくれたそうです。僕と、長男さんと二人で後部座席です。目的地まで一時間三十分くらいかかるので、退屈しないため、長男さんに、幸のおじちゃんは奇遇偶然が多い人なんだよ!!　と、今までのいろんな、奇遇偶然の中から何本か選び出し、車内で話して聞かせました。奥さんも長男さんも、感心して聞いてくれていました。幸のおじちゃんの傘の中にはいっていると、奇遇偶然を体験できるよ‼　と投げかけました。

半信半疑のように受け取れた返事‼　長男さんは体調が悪く、ハードな仕事にはつけず、無職が続いていたが、今年の秋（九月）から福祉の会社に就職することが決まったらしい。じゃ、来月から頑張るんだぞ‼　と励ましの言葉を投げかけました。

車はキャンプ場に着いて、スケジュール通り、みんなに指示を出し、楽しんで勉強してもらっていました。

昼食の準備も終わり、昼食はホットドッグ二本ずつ作らせ、全員で食べ終わったらすぐまた夕食の準備、と忙しいスケジュール。すると後藤さんの長男さんが、「幸先生、僕が就職する先の会社の人たちが、偶然にキャンプに来ているので来月から入社する僕を紹介してくれるそうで行っていいですか？」と聞きに来た。すぐ僕はＯＫを出した。

その会社の人はまさか後藤君が来ているなんて、全く知るはずもありません。後藤君が会社の人にキャンプに行くことをしゃべっているのなら別ですが、全く話していないらしく、またその会社も県内に数カ所の営業所がある、その全員が一同に集まってのキャンプらしい。

ほらほら、奇遇偶然が起こったなー、と念を押し、認知してもらいました。

後藤さん夫婦も、びっくりしていた様子である。大分県内にキャンプ場と名の付く所は、何十カ所もある。その中から、同じキャンプ場で同じ日にキャンプに来るなんて、どう考えても不思議にしか思えません。

ほんとに、偶然が起きることを認知していただいた日でした。

その後の後藤忠之氏夫婦、息子さんからは、奇遇偶然の話は何ひとつ聞いてませんが、関心度はどの程度か、またいつか聞こうと考えています。

54　幸神社の誕生

別府には「地獄」と呼ばれる場所がたくさんあります。地獄というのは珍しい景観をした自然湧出の源泉のことで、定期観光バスなどでそれぞれの地獄を周遊（地獄めぐり）して楽しむ定番の観光コースです。各地獄には海地獄、坊主地獄、山地獄などがあります。僕は山地獄の中に売店を出しています。山地獄の特徴はカバ、象などの動物を飼育して観光客にご覧いただいているところで、小さな動物園と呼んでいます。

僕の売店は、二〇一一年から現在に至るまで七年間続いていますが、二〇一二年の夏に台風が九州を通過した時に被害を受けました。台風が通過した日の朝のことです。まだ風は吹いていましたが、雨は上がっていました。売店を直接担当しているのは家内で、その日もいつものように出勤していきました。僕は土・日曜や祝日の時に手伝う程度で、主に家内が運営していた売店でした。

家内が山地獄に到着してすぐ、家内から電話がかかってきました。「お父さん、大変よ！

お店が水に一メートルくらい浸かっているの」という内容でした。

すぐに僕も駆けつけました。山地獄の敷地内には幅一メートルくらいの川が流れています。この川が台風で増水したことによって詰まってしまったようです。上流から流れてきた石ころが川の流れをせき止めたことで水が溢れ出したようです。僕の店は凹みになっている土地にあったため、溢れた水が入ってきたようです。店内では冷蔵庫が倒れ、水に浮かんでいる状態でした。

とりあえず店内のものを全部出して、水洗いをしなければなりません。この作業に二週間ほどかかり、ようやく開店することができました。考えてみれば、この山地獄は小さな動物園です。当然、動物たちの生き死にがあります。しかし、動物が死んでも供養をしているところを見たことがありません。山地獄が供養していないのであれば、僕の店の中に神棚を設け、陰ながら供養してはどうだろうと考えました。そこで、大工を雇って一週間ほどかけ、横幅が一メートル八十センチの神棚をつくりました。ようやく完成したと思っていたら、山地獄のオーナーがやってきて「変なことはしないでください」とストップがかかってしまいました。

せっかく三十万円ほど費やしたことが無駄になってしまいました。水害のこともあり、結果的に大損してしまったわけです。

神棚は一年半くらい手をつけずに、そのままにしていました。

そんなある日のこと。僕は自宅の座敷で習字の練習をしようと墨を出し、和紙を広げ、手本もなしで「幸」という文字を書きました。幸は僕の姓であり、書き慣れているからです。

その座敷には「神雪明徳」と墨書された横額が掛かっていました。それを見て「神という草書はこんな字か」と思い、幸の下に神と書き込んでみました。

これで習字紙には二文字が入ったわけですが、もう一文字書くスペースがあったので、神社の社を書いてみました。こうして出来上がったのが「幸」「神」「社」の三文字です（二〇一四年）。自画自賛するようですが、それは自分でもびっくりするほどうまく書けていました。

その時、僕はピーンときました。この紙を山地獄の神棚に奉納してみようと思ったのです。そう考えると、文字がまだ乾いていないにもかかわらず早く持っていきたくなりました。

「幸神社」と書いた紙を両手で持ち上げると、なぜか手がブルブルと震え始めました。「この震えはどうしたことだろう」と考えてみましたが、手の震えは止まりません。

まだ濡れている文字が破れなければいいが、と考えながら、筆巻きのスノコに載せました。そして、車の助手席に置いて山地獄へ向けて走り出しました。山地獄の駐車場に着くと園内へ走って入り、自分の店の神棚の格子を外して習字紙を奥の壁に貼り、格子を元通りにはめ込みました（二〇一四年八月）。

ところで、僕の店を管理している家内は、この店で地獄の蒸気で蒸した蒸したまごを販売しています。店の外に蒸し釜があるので、ここで蒸したまごをつくってはお店を訪れる観光客に販売していました。店内にトイレはありません。トイレへ行きたい時は園内の公衆トイレを利用することになります。僕が店に来たことをいいことに、僕に店番をさせてトイレへ行ってしまいました。

僕が外の蒸し釜のそばに立っていると、店内からパンパンと手を打つ音が聞こえてきました。「何だろう？」と思い、ガラス戸越しに店内を見ると、神棚の前にお客さま二人（おそらく夫婦）が立って拝んでいました。

「あ、これはもしかすると僕は大変なことをしているのかもしれない」と思いました。幸神社と書いた紙を神棚の中の壁に貼ったことから、こんなことになってしまったようです。

「いま取り除けば罪はないだろうが、果たしてどうするべきか？」と心の中で自問自答が始まりました。

そんな時、家内がトイレから帰り、店内のお客に気づきました。そして、「お父さん、変なことをしないでよ！　また山地獄のオーナーから店を閉めなさいと言われるよ」と言い始めました。店内ですが、家内と口喧嘩になりました。その時の時刻は夕方の四時過ぎでした。お店の営業時間は五時までです。家内の剣幕に押されて幸神社の紙を取り除こうかとも考えましたが、家内の声が大きくなっていったので、僕は駐車場の車へ逃げ帰りました。一方、家内も閉店時間が近づいたので、店の片付けと帰り支度を始めました。こうなれば、神棚の格子を外して中の紙を取り除く時間はないはずです。

僕は先に家へ帰り、家内の帰りを待っていました。帰ってきた家内は何も言わず、夕食の準備を始めました。次の日も家内は店へ行きましたが、僕は店には顔を出さず、二～三日知らぬ顔をしていました。

僕の発明仲間に、賽銭箱をつくっては神社仏閣へ奉納している橋本寛治さんという人がいます。その橋本さんに電話して「山地獄の中に幸神社ができた」と言いました。すると橋本さんは次の日に、立派な賽銭箱を持参してくれました。

家主さん（山地獄のオーナー）も幸神社なら、僕の姓なので黙認してくれるだろうと考えました。こうなると少しでもちゃんとした神社にしたくなります。幸いにも友人がおみくじの業者を紹介してくれたり、鈴を買いに行ったり、幕なども買いそろえて一応の体裁が整いました。

次は神社の勉強です。僕は十年ぐらい前から他人よりも偶然の機会が多いということに気づいていました。そして、これはきっと神さまがもたらしてくれたご縁に違いないと思うようになりました。であるならば、幸神社は天と人間の間との架け橋となる場に違いありません。僕はその場を提供するという使命を与えられたと考えるようになりました（こう考えたほうが気が楽という側面もあります）。

そのうち、幸神社のことがクチコミで僕の周囲に広がって行きました。すると、その話を聞いた女性（昔、別府の料亭の女将だった人）が大切にしていたきれいな石を持ってこられて「神社の中に置いてください」と言われました。

現在、その石は御神体として格子の中に納めさせていただいています。

人は誰でも幸福を神さまに願うということが、幸神社へ参る人の姿から読み取れました。

僕は演歌が好きなのでよくカラオケへ行きますが、モニター画面を流れる歌詞を見ていると「幸」という文字がとても多いということにも気づきました。

その後、僕の周囲の人からこんなことを聞くようになりました。「幸さんは、幸運や幸福の傘を広げているようだ」と言うのです。なぜこんなことを言われるのかというと、僕の周囲の人に次々と幸せなことが起こり始めたからです。僕もその様子を実際に見て確認しています。そんな状況が重なると「次はどんなことが起こるのだろう」という期待が膨らんで、毎日が楽しくなっていきました。

ここまで来た以上、立派な神殿を建立しなければ、神様に対してすまない気持ちが僕を責めます。どのようにすれば、建立できるのか？　資金はどのくらいかかるのか？

あー、もう少し若かったら、働いて資金を作るのに‼

読者の皆様の知恵をお貸しください‼

人々のため村おこしに建立するのも良し、観光地やブライダル式場、企業内に分社でも、いかがでしょうか？　苦笑‼

55　熊澤久介さんのこと

発明仲間に浜松市の熊澤久介さんという人がいます。

発明仲間の全国大会が二年に一回、各地で行われていた時に出会い息が合った一人です。二〇一二年の夏、台風が九州に上陸した時は全国に台風情報が流れました。幸いにも台風は朝までに通過。ほっとしていると、浜松の熊澤さんから電話がありました。

「幸さん、台風はどうでしたか？」

「台風一過で今は静かなもの。被害もありませんでした」と返事をすると「それは良かった」と言う声が返ってきて電話を切りました。

しばらくするとまた電話が鳴りました。今度は女房からでした。僕は別府市にある観光施設の地獄（八カ所）の中の山地獄の中でファーストフードの店を出店しています。そこに出勤した女房からの電話でした。「お父さん、大変！　お店が一メートルくらいの深さの水に浸かっているの。早く来て！」という内容でした。

台風はやってきたものの、被害らしい被害もなく安心している最中の電話だったのでびっくりでした。すると再び電話が鳴りました。浜松の熊澤さんから聞き忘れたことがあるという電話でした。

「熊さん、台風の件なんだが、いま女房から電話があってね、店が水に浸かっているようなんだよ」と言うと熊澤さんもびっくり。続けて、こう言われました。

「私が台風の被害を知らせたようなもんですね。年に一度も電話しない私が、急に電話をしようと思ったことが始まりだったわけだから……」

熊澤さんからの電話を終えると、店に急行しました。

別府は傾斜地にできた街なので、水に浸かることなど滅多にありません。どういうことなんだろうと考えながら店に到着しました。僕の店は凹みの上に建っていて、裏には一メートルほどの幅の川が流れています。その川に台風による増水で石ころが流れ込み、川をせき止めたようなのです。これによって川の水が僕の店の方へ流れ込んできたようです。

店内では冷蔵庫が水で倒され、浮かんでいる状態。深さ一メートルの水を排出する作業は想像以上に大変なものでした。

熊澤さんが電話で水に浸っている店を知らせてくれたこと。

五、六年前にお会いした後の初めての電話です（年に一度も電話など掛けてきたことがない人から）。
熊澤さんを通して、天は知らせてくれた、と考えてみました。

56　発明研究会の新年会に救急車がやってきた

毎年一月の第二日曜日は、ＮＰＯ法人発明研究会の例会であり、同時に新年会を行うことになっていました。僕たちのメンバーの中に大分市内で『ピーコック』という焼肉・ステーキのお店を経営している人がいることもあって、ここ数年は毎年『ピーコック』を貸し切りにして新年会を開催しています。

僕は別府市からの参加なので大分市まで車で行き、ノンアルを飲みながら新年会に出席しています。

二〇一六年の新年会では、僕の前に長老の槍水さんが座られました。槍水さんは農学博士の肩書きをお持ちの先生です。しばらくすると槍水さんがトイレに行かれました。ところが、いつまで経っても戻ってきません。すると「誰か手伝って！」という声が聞こえました。どうやらトイレで槍水さんが倒れたようです。さっそく近くにいた男性が手助けに行きました。槍水さんは両腕を抱えられるようにして会場に戻ってきました。失っていた意識も戻ってきたようです。槍水さんは椅子に座って安静にしていましたが、まだ顔色が青白いままでした。メンバーから「救急車を呼んで病院に行ったほうが良いのでは」という声が上がり、病院へ運ぶことになりました。当日は日曜日ということもあり、ほとんどの病院は休みです。それで、病院については救急隊の隊員に任せることにしました。やがて救急車が到着。槍水さんの意識もはっきりとしてきたようです。そのこともあって槍水さん本人が「病院には行かない。もう大丈夫だから」と言い、椅子から立ち上がって帰ろうとします。その時でした。立ち上がろうとした瞬間、椅子からテーブルの下に滑り落ちてしまいました。

こうなれば否が応でも病院に連れて行くしかありません。救急隊員が僕たちのほうを見て「誰か一人付いてきてください」と言いました。それで発明研究会の幹事長が付き添うことになりました。

送り込む病院名は聞いていませんでしたが、日曜日でもあるし、大分大学医学部附属病院または大分県立病院だろうと考えていました。

しばらくすると、付き添いの幹事長から状況を知らせる電話がありました。病院は僕たちの予想に反して近くの中村病院のようで、今は担当医がやってくるのを待っているところだそうです。

しばらくするとまた電話がありました。今度は担当医からの電話でした。担当医の名前は槍水さんとおっしゃるようで、救急車で運ばれた槍水さんと同じでした。どういうわけか、そこで電話が切れてしまいました。槍水さんという苗字はそれほど多くはないと思いますが、そういうことはあるかもしれないなあ、とみんなで話していました。

すると、また担当医の槍水さんから電話がありました。それでわかったことですが、担当医の槍水さんは、僕たちの仲間の槍水さんの息子さんだということでした。これにはメンバー一同がびっくりしたことは言うまでもありません。

実はその日、新年の挨拶で僕は自分の身に起こるさまざまな偶然の話をしたばかりでした。その話をして一時間も過ぎないうちに、またもや偶然の出来事が起こったので一同が唖然としたわけです。

とりあえず大事には至らなかったので、皆は安心して夕方まで和気あいあいと新年会を続けました。

この話には後日談があります。翌二月の最初の水曜日のことです。僕は別府でカラオケ好きな友人五、六人と一緒に『幸友会』というグループをつくって活動しています。そのグループの集まりで近況の報告をしている時に、大分で行った発明研究会の新年会で起こった偶然の出来事を披露しました。全員の話が終わった頃、僕の前に樋口さんという僕よりも十歳くらい若い男性がやってきました。そして「幸さん、その人（発明研究会のメンバーの槍水さん）は私の娘の義父です」と言うのです。これには僕もびっくりして詳しく話を聞くと、樋口さんの娘さんが槍水さんの三男と結婚していて、今は神奈川で開業医をしているとのことでした。

大分市と別府市の人口を合わせると五十万人以上です。その中でこんな奇遇があるとは！　その場にいた僕の友人たちも僕が体験する偶然や奇遇にただただ驚き、「怖ささえ感じる」とまで言っていました。

57　鳥居から幸の字が現れる

二〇一六年に『ベンチャー協議会』という会に入会させていただきましたが、現在は休会していて、早くも半年が過ぎました。

ベンチャー協議会から「新年の互礼会だけは出席してほしい」という電話があったので、『豊の国健康ランド』（大分市）で開催された互礼会には出席させていただきました。

互礼会では最初に主催者の挨拶があり、次に、本日のメインというべき九州経済産業局産業部中小企業経営支援室長の山田真次さんの講演が少し遅れて始まりました。講演の内容は、いろいろな統計の表などをプロジェクターで映し出しての説明です。

後半は時間が足りそうになかったためか飛ばして、最後に「おまけ」というタイトルで話が始まりました。そのお話は、人間は誰もが幸せを求めているというものでした。その時です。神社の鳥居が画面一杯に映し出されて、その中心から「幸」という文字が浮かび出てきたのです。

山田さんのお話はそれで終わりましたが、僕の幸神社のことを知っている人がすぐに僕のところにやってきて「九州経済産業局の山田さんに幸神社の宣伝を依頼したのではないか」と質問されました。しかし、僕は福岡からどのような人がいらっしゃるのかまったく知らなかったので、幸神社の宣伝を依頼するなどできるはずがないとお答えしました。これも奇遇偶然の出来事でしょう。

やがて懇親会となりました。先ほど僕の近くにいて、僕たちの話を聞いていた人から幸神社のことを聞かれたので説明をしました。すると、その時に持っていた幸神社の宮司の名刺を欲しいという人が現れ、あっという間に持っていた二十枚ほどの名刺がすべてなくなってしまいました。

58　思うとその通りになる不思議

　公益社団法人発明協会が主催する少年少女発明クラブは、全国に二百十八団体（平成二十九年四月現在）あり、その指導員たちはボランティアで活動しています。毎年四月には小学四～六年生を対象に二十～三十名を募集し、年間二十回ほどの教室を開催。豊かな想像力を持つ子どもの育成に取り組んでいます。

　全国大会のほか、全国を八ブロックに分けて行う九州ブロック会議も年に一回あり、各県持ち回りで行われています。平成二十九年は宮崎県の番でした。

　宮崎県といえば、思い出すことがあります。十四、五年前に僕の会社を息子に渡して一～二年経った頃の話です。宮崎県延岡市で建築を請け負った建物があり、今、どのようになっているかが気になっていました。

　九州ブロック会議が延岡であれば、様子を見に行くことができるのにと思っていました。

　その建物は、一階と二階の半分が店舗で、二階の残りの半分と三階が住居になっている三階建ての建物でした。

息子も、県外のしかも店舗付き住宅ということでとても力を入れていたような覚えがあります。

そんなある日、九州ブロック会議の案内が延岡少年少女発明クラブから届きました。

「やった！」と喜びました。我が社が建てた建物の近くなら、なおいいのにと思いましたが、会場の住所を見ると違うところのようでした。

しかし、時間が許せば散策して探してもいいなあ、と次第に楽しみに思うようになりました。

やがて大会当日となり、大分、杵築、僕が代表を務める別府の三クラブの代表が揃って電車で延岡へ向かいました。会場へ着いたのは会議が始まる二時間前でした。

そこで他の二人に事情を話して三人で会場を出て建物を探すことにしました。やがて川の土手沿いの道に出ました。「あ！」この土手沿いにあるとピーンときました。そこから少しばかり歩いていると、昔の面影を今も残す建物を見つけました。息子から聞いていた店名もそのままです。変わっていたのは建てた頃とは違う色になっていたことくらいです。たとえて言うなら、昔の恋人に再会したような、そんな気持ちになりました。

その後、三人で昼食を食べるために近くの食堂に入りました。昼食を食べていると、建築中に何度も現場に見てきたことが思い出されました。

これまでもそうでしたが、真剣に考え、強く念じると念じたことが現実になったことがあります。今回の出来事は最近のことですが、念じる力の強さも現実のものとなるか否かに関係するように思います。

59　大晦日の偶然

平成二十八年大晦日の出来事です。

我が家では、年越しそばが年末の恒例行事になっています。子どもたちと全員でそばを食べながら、新年を迎えます。その年は大学に通っている孫が彼女を連れてきて、僕に紹介しました。

初対面の挨拶を済ませ「君はどこの出身かな？」と聞くと「杵築です」という答え。

「へー、杵築か。僕も杵築出身だよ。杵築のどこ？」

「東大内山です。ついこの前までは西大内山にいたんですが……」

僕はびっくりしました。彼女が言うには以前住んでいた家の隣も幸さんという苗字だったとか。それを聞いてまたびっくりしました。

「その幸は僕の実家だよ」

その実家には大きな犬が二匹飼われていたことを彼女は話す。「間違いなく僕の家です」

とびっくりしていました。

世間はこんなにも広いのに、よりにもよって僕の実家の隣の娘と縁があるとは……。孫はもちろん、家族全員がその話を聞いて「じいちゃんは偶然が多い人ねー」とびっくりしながら新年を迎えました。

60　想像が現実に

別府市内から三十キロほど離れた杵築の友人・阿部宅に、同窓会の打ち合わせに出向いた時のことです。玄関の呼び鈴をいくら鳴らしても何も音沙汰がありません。それで携帯電話にかけてみると、あと三十分くらいはかかるという返事でした。三十分ほどすると本人から僕に電話がありました。

「大変すまない！　正直に言うと今、日出町でパチンコをしているのだが、当たりが来て止まらないんだ」と言うのです。

結局、僕が別府に戻る途中で、日出町にあるそのパチンコ屋に立ち寄ることにしました。パチンコ屋に行く途中で、僕の次男の嫁の実家が日出町にあることを思い出しました。あちらの親御さんにはもう一～二年会っていません。定年退職をされているはずだから、暇でパチンコでもしていないかな、などと想像しているうちにパチンコ屋に到着しました。そのパチンコ屋は大きなお店で、同級生を探すのに一苦労しました。一列ずつ探しましたが、白髪頭の人が目立つだけで、なかなか見つかりません。ようやく最後の列の窓際で見つけ出しました。見ると大変な量が出ているようです。僕が声を掛けると「ちょっと休憩する」と言い、窓際のソファーに二人で座りました。

今まで阿部君が座っていた隣の人が振り返って僕たちを見ています。よく見ると次男の嫁の父親でした。あ！　やっぱり！

僕の想像が現実になったので、びっくりしました。

彼は負けている様子でした。そこでパチンコ台に近づいていってご無沙汰の挨拶をしました。

「こちらの阿部君は僕の同級生であり、杵築少年少女発明クラブの会長です。僕が別府少年少女発明クラブの会長を務めていることもあり、少年少女発明クラブの全国会議にも一緒に行ったこともあります」と紹介しました。

実際、名古屋で行われた全国会議（弟の信次と再会した時の会議）にも一緒に行った仲でした。No.46でも紹介したように、信次が暮らしていたアパートの裏が会議の会場で、同行した阿部君もびっくりしていました。十数年ぶりに会った弟が住んでいたアパートの裏がまさか目的地の会場とは……。夢にも想像できないことで阿部君自身も大変驚いていました。

そして、また今回の次男の嫁の父親との偶然の再会。阿部君は、僕の人生に起こった偶然の出来事を一緒に体験した目撃者であり、これらの出来事の証人でもあります。

61　神社にもファンができる

すでに紹介した山地獄にある僕の売店を閉店しなければならないことになりました。

理由は山地獄のオーナーが地獄組合を脱退したことからです。組合を脱退した理由はわかりませんが、八月末までに店を閉めてほしいという申し出がありました。オーナーからそう言われれば仕方ありません。僕たち夫婦も高齢なので、商売はもうしないと決めて、お客用のテーブル、椅子、冷蔵庫、冷蔵ショーケース、ソフトクリームの機械、製氷機、蒸籠《せいろう》などを処分して、神様だけは自宅の床の間に祭壇を設けて安置しました。

それから二カ月ほど経ったある日のことです。僕の携帯電話に電話がかかってきました。電話の相手は山地獄のお店に以前来られたことがあるお客さんでした。聞くところによると、一年ぶりに別府へ来たので店内の幸神社にお参りしようと立ち寄ってみたところ、お店がなくなっていたので「どうされましたか？」ということでした。僕の電話番号は前回お参りした時に「祭壇の前の名刺入れから名刺をいただいていたので」ということでした。

それで事情を説明しました。「残念ですが、そういうことなら致し方ありませんね。またお祀りされた時はお知らせください」とのことでしたので「はい」と言って電話を切りました。

あとで電話番号を聞いておけばよかったと思いましたが、携帯電話の着信履歴を見ればわかるかと思い直しました。

その二～三日後。息子から電話があり、山地獄にまた店を出してくれないかと山地獄のオーナーから要請があったとのことでした。

店の売り上げはほとんどないくらいでしたが「家でコタツに入ってゴロゴロしているよりはいいだろう。お母さんに聞いてみてくれ」と息子が言うので、妻に聞いてみました。するとと嬉しそうに快諾したので、息子にＯＫの返事をしました。

しかし、店を出すためのテーブルや道具を処分してしまったので準備ができません。開店資金も用意できません。結局、息子の会社の会議用机とパイプ椅子を利用し、冷蔵庫は事務員宅の古いものをもらって利用することにしました。また、自宅にあったストーブを持ち込むことにしました。

なんともみすぼらしい店です。情けないことではありますが、ようやくお客さんが十人くらい座ることができる店を開店しました。

その二〜三日後、次男から電話がありました。息子の知り合いが食堂を閉店するので、テーブルや店にあるもので必要と思われる物をなんでもくれるという吉報でした。

その翌日、長男がトラックにテーブルや道具を積み込んで来てくれ、店内に設置しました。これですべてが整いました。

祭壇に神様もお祀りして、ようやく落ち着きました。

それで以前電話をくださったお客さんにもお知らせしようと思いましたが、すでに着信履歴からではわからないようになっていました。

今になって思えば、あのお客さんがお参りに来てくださったお陰で、幸神社を再開できるようになったわけです。そして、今まで以上の立派な道具も揃えることができました。

とはいっても、山地獄のオーナーは地獄組合から脱退したままです。地獄組合に加盟していると、お客さんは共通観覧券でそれぞれの地獄を見てまわることができますが、地獄組合に加盟していないと共通観覧券が使えず、山地獄へ入場するためには別途入場券を購入しなければなりません。当然のことながら入場者は少なくなります。

その少ない入場者の中のほんの一部の人が僕の売店に立ち寄ってくれるわけです。

しかし、僕はいつか奇跡的な偶然が起こるのではないかという予感がしています。その意味でも電話をくださったお客さんとの再会を夢見ています。

日本の皆さん、世界の皆さんに、幸神社のベールに包まれた場所を提供できる日が来ることを思うようになったのもこの日からです。

62　コピーライター・一丸幹雄氏との出会い

偶然の出来事や奇遇（思いがけないめぐりあい）が他の人よりも多いようだと自覚するようになった頃、周囲の友人で自叙伝を出版する人が多いことに気がつきました。「皆さんが自叙伝を出すなら、僕は偶然や奇遇を本にしてみよう」と思うようになりました。

僕の偶然や奇遇はあまりにも多く、一度には書けません。年齢を重ねてどんどん忘れていくことも考えられます。それでメモにしておこうと思いました。このことは少年少女発明クラブの事務局を担当してくださっているＳＫさんにも口酸っぱく言われ、次第にメモも増えていきました。

このメモを元に本文をと思っている時に、ある人のことを思い出しました。

それが一丸幹雄さんです。僕の高校時代の同級生が勤務している広告代理店に僕が出入りしていた頃、同じ出入り業者で僕の高校の後輩に当たる人が一丸さんでした。

その後、僕は会社を息子にバトンタッチし、一丸さんも勤めていた会社を辞め独立されたようで、十〜十五年はお会いしていませんでした。「その後、元気にしているのかな？」と思う一方で、僕の本をまとめてくれる人を知っているかもしれないと考えました。一丸さんはコピーライターだったので、出版関係にも明るいのではないかと思ったのです。

しかし、僕は年金生活なので経済的には決してゆとりがあるわけではありません。せっかく誰かを紹介してもらっても、結果的にどうなるかはわからないなあ、という思いもありました。しかし、いつまで考えても仕方ありません。勇気を出して電話してみました。すると「一度、お話を聞きたい」と言われ、会うことになりました。

それで直接会って、幸神社の話をしてみたところ、なんと一丸さんも神社に興味があると言うではありませんか。特に、神社でよく見かける狛犬に興味を持ち、個人としてフェイスブックで紹介しているとか。さらに、大分県内の大人世代を対象にした地元誌『月刊セーノ！』に狛犬のことを連載していると言うのです。

さらに、僕からの電話を受けたのは、僕と一丸さんの出身地である杵築で、神社めぐりをしていた最中だったとか。このことにも神の意志を感じずにはいられません。

というわけで、この本を出版するにあたってのアドバイスや相談、ご指導をお願いすることにしました。一丸さんとの出会いで、本を出版することができると確信した日でした。それから時々一丸さんに会って、神社について広範囲にわたり教えていただき、一丸先生の教養の深さに感心させられました。

三〜四年の間、出版費を捻出するのが遅れたため、一丸先生にも連絡を取らずにいましたが、名案が出たため連絡してみると、先生は病気になっていました。そのため、仕事は全部断わっているとのことなので、僕の奇遇偶然には携わることができないことが判明。

お金を普通にかければ早くできるのですが、悩みの種です。すると、友人が僕に貸してくれると名乗り出てくれました。

では原稿を整理して、普通の出版方法で、頑張ろうと決心した次第です。

また、この話も奇遇偶然に含めて、挿入したいと思います。

63　偶然の白い涙

高校時代の同級生で阿部克比古君という人が和歌山県に住んでいます。

二〇一七年四月二日に、その阿部君から召集が掛かり、杵築近辺に住んでいる同じクラス出身の男性四人と女性四人の計八人が、杵築城の下の広場に集まりました。

集まった理由は、同じクラスにいた女性、宇野真弓さんの月命日だったからです。宇野真弓さんはかわいい感じの人でしたが、四~五カ月前に七十三歳か七十四歳で他界されました。それでみんなで墓参りをしようという趣旨の集まりでした。

僕たちは二台の車に分乗し、墓がある杵築市山香町立石へ向かいました。車で三十分ほどの所です。阿部君は葬儀に参列したのでしょう。墓のある場所を知っているということで、僕たちを案内するため先頭に立ちました。

僕たちの車は鈴木君という人の車で、運転はもちろん鈴木君です。後ろの席には眞鍋昭子さん（中学時代の同級生）が同乗していました。これは昨年（二〇一六年）十一月に中学時代の同窓会があったからです。その同窓会で、僕は幸神社の謂《いわ》れを書き記したものと、お守りを配布しました。「幸さんは偶然が多い、何かを持った人だよ」という話に花が咲きました。

墓がある立石近くに来た時、運転席の窓ガラスに雨がポツリポツリと降り始めました。すかさず「亡くなった真弓が同級生たちが来てくれているのでうれし泣きしているのでは」という声が上がりました。ほかの皆も「きっとそうだ」と同調していました。

それから四十〜五十メートル進み、墓地に到着する直前のことです。小雨に混じって白いアラレが窓ガラスに飛び散りました。時間にして二十〜三十秒のことだったと思います。後部座席から悲鳴にも近い驚きの声とともに「幸さん、また偶然が発生しましたねー！」という声が上がりました。

車を停めると「傘が必要かな？」と誰かの声。「いやいや、墓前に立った頃にはあがるよ」という言葉が僕の口をついて出ました。特に理由があったわけではありませんが、そんな予感がしたのです。

お墓はほんの十メートル先。そこへ皆が立つと同時に雨は上がりました。

本当に彼女が喜んでくれている。僕ばかりでなく、全員の脳裏に彼女が喜ぶ顔が浮かびました。帰路、昼食のために立ち寄ろうとしたファミリーレストランに着くまで、車中では皆が「泣いて喜んでくれた」という話で大いに盛り上がりました。

奇遇偶然もここまでくると、少し恐さを感じますね。

64　僕の瞼から七十年前の鉛筆の芯が出てきた

僕は花粉症シーズンになると目が腫れます。その結果、遠くが見づらくなってしまいます。加齢によるものかもしれませんが、毎年そのことを気に病んでいました。

ある時、スーパーの前で同年輩の友人にばったり出会いました。彼は「目が腫れるので、手術したんだよ」と言い、手術した目を見せてくれました。「目がパッチリと開き、ちゃんと見えるようになった」とのこと。その言葉を聞き「僕も手術してみようかな。どこで手術したの？」と訊くと「○○整形外科」と言うので、思い切ってそこへ行ってみることにしました。

まず看護師さんに事情を説明しました。次いで、住所や年齢なども……。すると看護師さんは「もしかしたら大輝君のおじいちゃんですか。私は大輝君と仲が良い○○子の母です」「えー！」という会話になりました。それから医院長先生の診察を受け、手術日には付き添いが必要であることやさまざまな注意を聞いて帰りました。

そして手術日当日。諸々の準備を整え、手術室に入りました。医院長先生の説明では片方の目の手術が四十分程度、両目で約一時間半程度の手術時間だそうです。手術は局部麻酔から始まるのですが、こればかりはどうしても体に力が入ります。

気を紛らわすため「何か話をしてください」と医院長先生。そこで僕は、現在までのボランティアで行っている発明協会のこと、これまでに体験した奇遇偶然の話をしました。「僕は他人よりも偶然の出来事が多いようです。例えば……」といった具合にいろいろな話をしました。そうこうしているうちに手術は着々と進行していました。

「上瞼の涙腺の上部に黒い箇所があります。これを取り除いてもいいですか」と医院長先生。もちろん、僕は「いいですよ」と答えました。

その黒い部分は三~四歳の頃、鉛筆を手に持ったまま田舎の道路で走ったり遊んだりしている途中、倒れて鉛筆が目に刺さったことに由来しています。当時、ワーン！　と泣き叫びながら母親のもとに駆け寄りました。すると母親は、刺さった鉛筆を抜き取り「目の玉じゃなくて瞼でよかった」と言いました。僕は医院長先生に「その時の記憶は、今もはっきりとあります」と話しました。

それから数分後のことです。手術をしていた医院長先生が「アッ、鉛筆がまだ残っている！」と今までの声よりも大きな声でおっしゃいました。

「幸さん七十年ぶりの鉛筆の芯です。記念に取っておきましょう！」

結局、僕の瞼から一ミリくらいの粒（鉛筆の芯）が三個出てきました。医院長先生は「小さなビンに入れてホルマリン漬けにしておきますね！」とやや興奮気味の様子。それから助手を務めていた看護師さんに写真を撮らせたりしていたようです。

僕も現物を早く見たいと思っていましたが、手術台の上ではどうすることもできません。結局、手術終了後まで我慢して、ようやくその鉛筆の芯を見せてもらいました。

意図したわけではない、偶然の話の最中の、偶然の発見。医院長先生や看護師さんにとっても印象深い出来事だったようです。

ホルマリン漬けにされた鉛筆の芯が入った小さなビンを受け取り、早く家族に見せたい気持ちでいっぱいになり家路につきました。

今はもういない母親にその芯を見せてあげることができたら、母はどんな顔をすることでしょう。

瞼から眼球に芯が届かずに本当に良かったと思いました。運が強いといえばそれまでですが、何かに守られていることを再確認した手術でした。

65　発明の日を祝日に

四月十八日は、何の日かご存じでしょうか。ほとんどの人は「知らない」と答えます。実はこの日は、日本国が定めた「発明の日」なのです。

僕は、この日を祝日にしてほしいと思っています。

二〇一六年四月のことです。僕の友人が大阪から別府に帰ってきました。そして「久住山の近くの長者原に一緒に行こう」と僕を誘いました。

別府から車で一時間半くらいのところにある阿蘇国立公園内の長者原。その日、そこは登山客や観光客で賑わっていました。なぜかというと、祝日に「山の日」が加わることになったプレ祝賀会が開かれていたからです。山の日は、二〇一四年（平成二十六年）に制定され、二〇一六年（平成二十八年）に施行された日本の国民の祝日の一つです。

現地には記念碑が建立され、その除幕式もありました。大阪の友人は久住町に多額の寄付をしたため、招待されたのでした。記念碑に名前も刻み込まれていました。

プレ祝賀会の会場には大臣級の代議士の先生が二名も来場されていました。祝辞の中で「海の日」があるなら「山の日」もあってしかるべき、ということで「山の日」制定のお世話をし、今日を迎えたというエピソードが語られました。

その後、歌手の芹洋子さんの「坊がつる讃歌」を地元の子どもや婦人部をバックにして歌いました。

その時、僕は四月十八日を祝日にすべきだと考えていました。資源がない日本の中には、世界的な大企業があります。なぜこのような大企業になり得たかというと、特許法を活用したからです。特許を取得した製品を世界中で販売して成功を収めた結果、日本は経済大国になっています。

もしも発明の日を祝日にすることができれば、こんな風景を想像することができます。一家全員で食卓を囲む時、親または祖父が、子どもたちに「今日は何の日か知っているかな？」と問いかけます。知っている子もいれば知らない子もいるでしょう。親や祖父は特許のことを子どもたちに話します。日本中の家庭で特許の話が話題になるのです。

日本に特許法が制定されてすでに百年を越えています。経済産業省はこの間、想像を超える額の予算を特許を浸透させるために使っていると思われます。例えば各地で開催される特許講演会、発明くふう展、少年少女発明クラブなどです。しかし、それでも国内における浸透率は決して高いとは言えません。もしも「山の日」のように、「発明の日」を祝日すれば多くの予算を費やすことなく、特許のことを浸透できると思われます。予算という視点で見れば貴重な税金を節約することにつながると思うのです。

そこで、別府の代議士に面談のアポイントを取ろうとしましたが、国会の開催中ということもあり、事前に事務局が話を聞きたいとのことでした。

約束の日、僕は事務所を訪ねました。すると偶然にも代議士が昨夜帰ってきたとのこと。代議士に直接話ができれば、二度手間にならずに済みます。なんとも嬉しい偶然の発生です。

代議士の先生の反応は、五分五分の感じでした。

僕は「発明の日」が祝日になることで、発明協会にも新しい風を吹き込むことができるのではないかと考えています。

この本の中でお話したように念じることで事を起こしたいのです。幸せな偶然が、そこまで来ているような気がしてなりません。

66　東京発明協会の小山さんからのメール

小山さんからの久し振りのラインメールが届きました。

鹿児島県に出張したらしく、その時の様子の写真が送られてきたのです。

その場所を見ると、僕がその一、二年前に鹿児島へ行った時、バスの車内から写した場所、西郷隆盛像を写したフレームの写真と同じ場所で、僕の撮った写真の中に小山さんが自然にはいり込んだ写真でびっくりしました。それを小山さんに知らせると、「へー、そんな事あるの？　ラインで送ってよ‼」と言われ早速、送信した。全く同じフレーム内に、彼女が写っているか写っていないかの違いで……。

彼女もびっくりしてくれてると思う‼　同じ日に行くのならともかく、日時も違い一方は東京から、僕は大分から、偶然にも同じ場所の写真を、写しているなんて……。

僕が撮っているのは観光バスの中からで、その場所にバスから降りての撮影じゃなく、これも僕には偶然としか、答えの出しようがないなー。

その後、その写真のことについて話を聞きもしていませんが、彼女は、そんなに深く考えてはいないのじゃないかな？

考えているようでしたら、スゴイ奇遇偶然だねー！　と言ってくれているはずですが。

僕には、そんな返答の記憶はありません。それは仕方ありません。人それぞれ、受け取り方が違う差でしょう!!

同じ風景の中に彼女がはいり込んだ写真。僕にとっては不思議に思え、目に見えない紐でつながっているように思います。

67　台風が別府少年少女発明クラブのキャンプが終わるまで、待機してくれた!!

別府少年少女発明クラブは、毎年キャンプをしています。今年度は、令和三年八月七日、八日の一泊二日に、いつもの場所、豊後高田市の香々地《かかじ》青少年センターで決定していました。県内十クラブある、コロナで活動を中止するクラブもあるなか、別府は、年二十回の教室を、少し遅らせて（六月十三日）スタートしました。

キャンプのスケジュールの中に、竹を使用した、そうめん流しがありました。竹を利用して、竹のぽんぽこごはん等々、前もっての準備しなければならない物が多い。暇を見ては、少しずつ準備を進める。二週間前七月二十五日の出席者は、クラブ三十人中、半分の十五人に決定して、作業分担等を決めて準備が本格化したが、雨の日が続きます。

期日が近づくと、天気予報を見る。キャンプの時に雨が降れば、キャンプ場の建物を借りての授業をスケジュールしていましたが、四日前の予報で台風が発生!!　ちょうど七、八日頃に日本に接近するかもしれないとの予報。

また、その台風が日本列島をねらって、三個同時に発生したニュース。そのニュースが流れる時は、我が地方も雨、気がめいる。また、クラブの保護者から電話があり、一家族二人が欠席の連絡。いよいよ気が沈む。

よく聞いてると、台風二個は、九州は関係なさそうだが、下から登ってきている台風が心配である。期日は迫る。キャンプを中止するか、決行するか、前日に結論を出すことにしました。明日が前日、今日は雨!!

いよいよキャンプの前日の朝が来た。

快晴である。天気予報を見る。六、七、八日と天気である。しかし、台風の予報で視聴者を、テレビに引き付けるメディア。予報では、キャンプ二日目の午後は雨かもの予報。

一応、ここまで我慢したんだから、決行することにし、二日目の午後から雨が来るようであれば、早目に終了して帰らせようと決心しました。

保護者の一人から、「行かせたくない」との電話がかかるが、なんとか説き伏せました。

いよいよ出発の朝、各自の車で現地集合にしました。一番心配したのが昨日、欠席したいの電話を説き伏せた家族が来たかどうか？　現地に向かっていると連絡があり、安心してキャンプ場へ……。

いろんなサバイバル的なメニューを熟《こな》す予定。みんな喜んでのキャンプ!!

ホットドッグも、パンにソーセージ、チーズを挟み、牛乳パックの中にアルミホイルで包み、火をつける。おいしいホットドッグができる。竹の節を両端残し直径十センチの竹筒の中で飯を炊く。出来上がったご飯もおいしそう。また、ソーメン流し等々のカリキュラムを熟します。

保護者も、もちろん子どもたちも初めての体験の様子。二日目が終了する閉会の挨拶が終わる頃、あら!!　雨がポツポツ来た感じ。では皆気をつけて帰りましょう!!

帰る途中三十分くらい過ぎた地点から、本降りの雨。家に帰ると、台風が九州に上陸か？　九州を擦《かす》るかも!!

キャンプの間快晴で台風が待機してくれたようなタイミングである。なんと、念ずれば通じることを再確認できたキャンプでした。

68 （二代目）パーコの脱走

我が家には、飼い猫がいます。第一線から身を引いてからは（わけありで）出店していた店（妻の店）を閉店し妻は我が家で、毎日テレビを見て、ゴロゴロしています。その姿を毎日見る僕は、間もなく八十歳（妻と同じ年）。体力が心配になり散歩に誘ってみると、本人も同じことを考えてたみたいで、すぐＯＫが……。

別府は海浜公園が多く、でもその中で、大分市と別府市を結ぶ別大国道（通称）が海岸を六車線で（車で十五分くらいで）結ばれている。

その中間に、海に人工島を造り、国道沿に駐車場付き別府湾を一望できる素敵なビーチがある。

そこに誘ってみた。夕方から車で行き、飼猫のパーコを連れて（抱きかかえて）散歩が始まりました。

犬の散歩は多いが、猫の散歩はいない。そこでネコをロープで繋いで歩かせると、僕たちに付いて回ることがわかった。毎日のように続けた。息子の会社が大分市にあるため、用事ができて散歩終了後、車で息子の会社へ、会社の駐車場で後部座席荷物置きのドアを開けて、荷物を取り出す妻、右下にパーコに似たネコが!! すると、妻と一緒に車の外にパーコが出たことが判明。「大変、お父さんお父さん」と、大声!! パーコは、少し車から離れた!!

するると、近く偶然にいたノラネコがパーコを追いかけ始めた。逃げるパーコと、取っ組み合いのケンカが。会社の隣りには神社がある。その境内の方に、僕も、「パーコ」と声をかけながら走ったが、神社の裏方面で激しいネコの鳴き声が!! 急に静かになった。僕と妻は神社の裏へ行くが姿は見えません。

近くを捜すが見当たらない。民家が密集しているので、家と家の間を捜して回る。一時間以上は過ぎたと思うが見当たらない。仕方がないため、車のドアを少し開けて、ひょっとしたら、パーコが帰ってきて車に乗り込むかもしれない。僕と妻は車内で待った。周囲は夜になった。我々も別府の我が家も気になるし腹もへる。車の座席を後へ倒して休むが、車のドアを開けているために蚊が入り、ブーンと羽音!!を鳴らす。

一旦別府に帰り、またこの駐車場へ戻ろう!! と一言妻に聞こえるように独り言を言って、車を走らせました。妻は悪いことをした、と反省の気持ちで泣いている。ネコは一年かけても家に戻る習性があると聞いているが、別府大分間は、六車線の国道しかない、車の往来の激しい所を帰れるわけがない!! 頭の中で僕は、自分に問いかける。今夜の準備で簡単な食べ物を口に入れ、パーコの餌と水を積み、また大分へ再出発!!

我が家に大変な不幸が来た。この現実!! 運転をしながら妻を見ると、涙が流れて、僕と同じようなことを考えているように見えます。

蚊取り線香に火をつけ、後の座席の下へ。車は、また先ほどの事件の現場へ。車を止めて、ドアを少し開ける(車で旅をした十数年振りの車中泊)。なかなか眠れないが、気がつくと、朝方になり外は明るくなっている。車の中で「パーコ」と呼び捜してみるが戻っていない。家内と二人で外の道路を歩く。「パーコ」と声を出して呼んでみるが、あのノラ猫が怖かったのか、ネコの声は全くない。車の通りも、通勤する人々や、学校が近いのか、小学生のランドセル姿も見える。

また別府に帰ろうと、妻を説得して、別大国道へ。やはり車の中では無言が続く。散歩の時間の夕方になると妻はまた涙。大分へパーコ捜しに行こうと声をかけ、大分へ。昨日捜した道筋はやめて、今日は二手《ふたて》に分かれて捜そう。携帯はお互いに持ち、知らない道筋を歩く。ネコ一匹も見当たらない。痛風で脚が痛むのを忘れて捜すが、大声は出せず家と家の間を覗く。その街の人は、この人は他人の家を覗いてと、変に思うのでは？ すると、口から「パーコー」と声が出る。一時間くらい歩きながら……、また車に帰る。今日も駄目だった!! 別府に帰る車内の妻は、淋しそうに見えます。

パーコの写真を家で捜す。チラシを作ろうと写真を捜すが、いい写真がない。

次の日、保健所に電話相談する。一時的に預かる施設があるみたい。電話番号を聞き、僕の住所、名前、ネコの特徴等を伝えてお願いした。頭の中はパーコで一杯。今頃知らぬ場所なので車などに跳ねられては……。悪い方の思いが浮かぶ。また夕方になる前に大分に捜しに行こう!!

妻は、よろこんで車に乗ってくる。

また昨日と違う道を手分けして捜す。少し雨が……。すると、夕立だろう、雷の音。雨が激しく降り出した。車まで二、三百メートルでも走る力は出ず、ハンカチを頭に載せての気休め。下着まで、びしょぬれ。妻もそのようであった。着替えは持ってなく、ぬれたままタオルをシートに掛けて別府へ帰る。

溜息の出る毎日である。テレビの番組の中でネコが出てくるシーンがあると、またまたつらい思いが気持ちを追いつめる。

早く寝て、また明日は昼から捜しに行こう‼　と、妻を慰める手立てはこれしかない‼

次の日いつものように車を駐車場へ置き、今日は少し広く捜してみよう‼　やはり、妻と二手に分かれての捜索。あのノラネコとケンカをした場所から四、五百メートル離れてはないだろうと想像し、捜査範囲を絞って捜す。

でも昼間の明るい間は、ネコの子一匹も見当たらず、この近辺の人々は猫は飼ってないのかな……。
二、三十メートル先の二階の瓦屋根で昼寝のネコの姿が見えるが我が家のネコの柄は全く違うので、その近くを捜してみるが、他のネコの姿は見えません。
あれ‼　二、三日前に歩いた道に出た。ひょっとしたらパーコがいるかも‼　家と家の通路などへ自然に目だけは捜しているが変化はない。頭はパーコのことだけで一杯‼　ただ歩くだけである。すると、一本向こうの道路を我が妻の歩く姿が……。

一旦、車に帰り休憩するように妻にＴＥＬ‼

休憩しながら、捜すコースの打ち合わせと、汽車の線路があるが、その向こうには？越えて行ってないだろう？　線路より内側の家並みを捜そう‼

休憩すると、足が痛いのがわかる。

一時間くらい休憩をした。昼寝をしたいが、また同じことのくり返しを実行!!

二回目はつかれて、足取りが速くなる。

建設会社の資材置場に向かって、「パーコ!!」と何度も呼びながら、コースを終了しました。

いつもよりは早いが、別府に帰ろう!!

やはり、車内は沈黙。夕食の買物を一緒に済ませ夕食の準備。毎日、何とも言えない淋しい日々。パーコに対しての思いは、完全な家族であることが、身にしみてわかります。

これが血肉を分けた子どもだったら、どうなんだろう!! とにかく、淋しく、苦しい。

睡眠薬が数錠ある。一錠を半分にして床につく……。

薬のお陰かよく眠れた朝が来ました。

午前中は用事があるので、昼からパーコに行こう!! と妻に。今日見つかるよ!! と僕の口から出た。頑張って捜しに昼から行くぞ!! 昼食を済ませ、車に乗り込む。妻は僕の声を聞き流している態度に見える。駐車場に着いた。さァ!! 一緒に回ろう、と今日は二人でパーコ捜し。駐車場から神社を左に、小さい道路を二、三百メートル先がT字の三差路、信号あり、僕はそこを左へ回る。信号機から十メートル左に行った時、僕の携帯に妻からのTEL。一緒に歩いていたはずが、とふり返ると、信号機の二、三メートルの所に立ち止まり、ネコの鳴き声が……と言う!!

「パーコ」と呼ぶと、パーコの声ではないが、角の家の車庫からドラ声のネコの声!!「パーコ」と呼ぶとやはり低い声でニャーオー。その車庫には二台の車が横に並んで停めてある。僕がその車の底を覗くと、後輪のシャフトの上にいて、下から覗く僕の目と、ネコの目が合う!! よく見ると我が家のパーコである。でも、また怖がって逃げると困る。妻に「ここから目をはなすなよ!!」

僕は、魚釣りの動具のたも網を車に積んでいるので、それを取りに行く、と妻に言い残し、走った。車の駐車場まで、一気には走れず半分くらいまでで後は歩いて車まで。たも網を取り出し、またパーコのいる場所へ早足で……。半分くらい行くと、妻がパーコを抱きかかえて歩いて僕の方へ。……逃すなヨ!! と大声で叫ぶ。パーコの姿は一週間ぶりだ。食事は? 水は? 少しやせた感じがする。車に乗せて、その場所から逃げるように別府への帰途につく。

帰る途中、今朝、妻に「今日見つかる」と、宣言した通りになった、そのすごさは、これは何なんだろう!! と考えました。ほんとに僕が言い当てた事実。うそではない。

現実です。

よく考えると近くに小学校があり、小学生等から追いかけられたのだろう。子どもの声を聞くと、ネコ特有の身がまえを……、びくびくするようになっています。

僕たちはなんと運が強いのか？ 捜査開始から八日目の再会。また、ネコを交じえての幸せな生活が手に入った!!

パーコもなんと運の良いネコだろう!!

現在、十歳を過ぎた年である。残り時間の生活を楽しもう!! と心に決めました。

それにしても今まで以上のパーコに対する妻の態度（愛情）一番喜んだ表情!!

我々夫婦で記念すべき、出来事です。

二度と忘れません!!

69　我が特許の万能焼き機（テレビ全国放映される）

二十数年前の話になります。

福岡の友人が、新商売をしていました。どんな商売ですか？　と聞くと、焼ちくわの機械をリースして、ちくわを販売する仕事。その友人には売掛金も残りがあったため、一台機械をもらって帰りました。僕の本業は建築、内装なので、関係のない機械ではあるが、売掛金減らしのつもりでした。機械を調べて、ちくわの焼けるまでの仕組みを見た。よく焼ける。常日頃の好奇心から、改良する点が数カ所ありました。

しかし、この機械を我が社に置いていても邪魔になるだけなので、改良して、友人が城島高原でファーストフードの店を経営していたために、機械を見せに持って行きました。お客様から見ると回転しながらのちくわが焼けるおもしろさがあり、人間は動くものには目が向く性質がある。城島高原に置く許可をすぐもらえました。ちくわを製造してくれる会社を探し納品契約をしました。練製品業界の方も、売れればいいですがね……と半信半疑。一応契約でき、ちくわは我が社の納品伝票で処理する。土、日曜日は客が多く入ります。

すぐ売り切れになるくらい売れる（珍しいため）。この商売はおもしろいと思い、機械を改良しました。機械を大分で製造して、次の観光地探し。次から次へと拡大できました（数年間で）。

この機械を利用して、なんでも焼ける機械を開発できました。回転する部分を、焼籠にしてとうもろこし、いも類、栗その他と、納品メニューを増すことができました。その頃、大分のテレビ放送会社が収材させてくださいとの電話があり、僕もすぐＯＫを出しました。大分をキーステーションにした全国でおもしろい発明品の紹介番組で、他県（四～五カ所）が出品して、紹介される。最後に、どの作品が良いか、人気投票。テレビ局の担当の方から電話があり、人気は一番だったようです。

その頃、僕も大分県由布市水分峠という所（熊本方面、福岡方面、大分方面の分岐点）に、近鉄別府ロープウェイがドライブインを出店していました。その店先の軒先を借りて、焼ちくわの機械を置き、メニューも数種類のファーストフードの店を出店していました。

僕も日曜日は大変忙しいため応援に行っていました。その時お客さんから、この機械がテレビに出ていましたね‼　と言われ、「見ましたか？」すると返事が、「新婚旅行の旅先ハワイで見ました‼」

えー、ハワイにも放送されているのか日本のテレビ局が？　と感心しました。

水分峠の店に来る客が、テレビで見ましたよ‼　と、数人から応援のメッセージをいただきました‼

宣伝料も支払わず、無料で全国放送か？　なんと奇遇なんだろう。運が良いとしかとれないなー。

僕に商才があれば、まだまだ拡がる要素のある機械だったと思います。

70　常陸宮同妃両殿下の前で……

発明協会東京本部から電話がありました。

二、三年前に、少年少女発明クラブ全国会議が年に一～二回行われていた時に、全国の指導員の作品を会議場に展示をしたことがあります。

その時の作品を、今度、二〇一一全国少年少女発明クラブ創作展が、北海道札幌市産業振興センターで開催される（十一月五、六日）ため、出展をお願いしますと依頼されました。常陸宮同妃両殿下がお見えになるらしい。

その作品は、各御家庭等に飾られている魚用の水槽に、僕の作った二階、三階にあたる部分を、水槽の中に上から差し込む。すると従来の水槽の水が、二階、三階へと吸い上がり、三階建の水槽に早変わりします。少し時間を置くと、今まで泳いでいた魚が、恐る恐ると二階を通り、三階まで登ってくる。「魚の展望台」と命名して皆さんに楽しんでもらっている水槽です。

北海道まで持っていくとなると、北海道会場近くの金魚屋さんは知りませんし、慣れた魚の方が展示しやすいため、我が家に設置している水槽の水を五分の一に減らし（魚が死なないように）魚を水槽に入れたままの状態で、飛行機に持ち込む許可を取ってくださいとお願をしました。

大変むつかしいことだが、何とか許可が出た。何せ、大分から東京へ、東京から札幌へと乗り継ぐわけですが、旅慣れしてない僕は心配です。開催される二日前に北海道に着き、前日に展示をするように言われました。

いよいよ出発の日が来た。大分空港に行くと、その旨を伝えると連絡されていて、女性の方が飛行機に案内をしてくれた。そして、その手に持った水槽を僕の足元に置かせてくれた。なんと待遇がいいお計らいだろう‼

東京に着くと、札幌行きの飛行機まで、女性の方が僕を道案内してくれた。乗り継ぎもスムーズに行った。その夜札幌のホテルで、魚は元気か？　また、殿下が御覧になられる時、魚が三階に登ってくれれば良いが……など心配の気持ちで一杯。減らした水に展示の時は水を満タンにしなければならない。

魚を飼った方なら分かるでしょうが、五度以上の温度差があると、魚は脳震盪とでも言うのかすぐ死にます。

前日の日に会場へ行き、設置に取りかかりました。酸素を送るポンプも設置して、準備完了したが、魚たちは隅の方に隠れるように一かたまりで水の中にいる。

明日まで時間はある。何とか環境に慣れないかなー……。取り越し苦労の心配です。

いよいよ、開催日が来ました。殿下がお越しになり、会場を一回りするため、要所要所に製作した作者が待機して、説明をすることになっています。五カ所くらいに殿下が立ち止まり説明を聞いてくださる。僕は一番最後の展示場所で、すぐ隣りには、報道人たちもテープで仕切られていて、写真を撮っています。

ところが、魚たちは関係なく水槽を泳ぎ回っているが、三階には一匹も登ってくれない。外から水槽を叩いたりしたらなおさら登らない。「頼むから登ってくれ、登ってくれ!!」と折るしかない。せっかく殿下に見せるのに三階に登った姿を、と思い、胃の痛くなる思いで祈る。僕の前の人の説明が終わり、いよいよ僕の方へ。十人近いお付きの人々の一行がこっちへ向かってきます。

あー、駄目か!!　一行が四、五メートルまで来た時に、一匹の魚がちょろちょろと、三階に登ってくれた!!　やった!!

するといて二、三匹もつられて登ってくれた。

まァーなんとラッキーなんでしょう。

気苦労もいっぺんに吹き飛び、三階の水槽に登った小魚（ふな金）を見て、お笑いになりました殿下、華子さま、宮内庁の人、特許庁関係の方々、発明協会の方々が三階に登っている魚一点に集中している視線が感じられました!!

念ずれば通じる!!

ほんとうに、ラッキーな話になりました。

71　テレビ朝日「珍百景」の全国放送に出演

杵築市の友人佐藤農園から所用を済ませて帰り道の話であり、妻との久し振りのドライブ!!

帰りはいつもの国道でなく、国東半島のリアス式海岸を眺めながら帰ることにしました。車の多い国道から少し離れ、竹藪に囲まれた道を抜けると、前は別府湾の青い海と小高い丘の緑、目を下におろすと、砂丘の海岸、波の白のラインと波の音!!

ほんの数分で脱出できるこの素晴らしさ!!

我々が住んでいる所に、こんな素晴らしい美しい景色が実に簡単に手に入るなんて、嬉しい限りです。海岸まで車を走らせ、道路の端に止めた。急いで車から降りる。道路には堤防もなく、すぐ海である。

手前に砂丘があり、小岩が道路際に点在している。両手を広げ〝アー〟と声が出た、大きく深呼吸!!　すると小岩の陰から僕の声に驚き、鴨が走って逃げた。するとその鴨を追うように鴨が続けて三、四羽一列になって走って逃げる。目で追うと、先頭の鴨の通った通りに後に続く。これはおもしろい光景と感じスマホの動画のスイッチを入れる。撮り始めた時は十羽くらいが続く。

どこにいたのか、次から次へ、一列にくねりながら小岩と小岩の隙間を通り抜けスマホで撮りながら数えると二十三羽が一列で……続く。二、三十メートル先に、山手から海に流れ出る（幅四メートルくらい）川の中に入り山手へと一列で泳ぐ。まるで一羽の親が、小さな子鴨を連れて歩く姿のようで、それはテレビで見たことはありますが、全員親のサイズの鴨たちです。妻も、僕の様子で驚いたのでしょう。車の外に出て、その様子を観察していた。

その川を上った鴨たちは、道路のトンネルを抜けて道路から二十メートルくらいの川上で、何もなかったように悠々と泳ぎと羽繕《つくろ》いをしている。

僕は二十三羽の鴨が一列になり、先頭の親鴨（？）の歩く曲がりくねった道どおりに歩く姿は滑稽《こっけい》に映ったのです。まるで貨物列車のような日頃見慣れない光景に会えるなんて、とても嬉しい一日でした。

自分の撮った動画を何度も見返すほどで、朝日放送の「珍百景」に投稿したくなり、電話番号や投稿方法を調べるための行動に移しました。

僕の撮った動画を取りあえず見ていただく約束をテレビ局の方と約束したのは、一週間は過ぎていたと思います。

一週間くらい過ぎても、朝日放送から連絡がないため、電話を入れてみると、「いろいろと選考会議があり遅れています。でも脈がありそうです……」とのこと。

現在、コロナで東京から撮影に出られず、大変困ってるんですよ‼　鴨が歩く姿だけでなく、別府駅、地獄、おいしい食物等も一緒に撮影してくれませんか？　と依頼された。

それで、我が家で家内も一緒に動画に出て、名物の関アジ、関サバを食べるシーンや、風呂の共同温泉での撮影等、別府駅附近の風景等々、スマホの動画に収めました。それを朝日放送へ返送する。テレビ局は、それを一本のシナリオに纏《まと》めるそうで……楽しみである。

また後日、決定で、日時の連絡があり、家族はもちろん、親戚、友人、同級生に電話をかけまくりました。この喜びは、自分でも子どもみたいだなーなんて、我が身を笑っています。

いよいよ放送当日が来ました。珍百景の内容は、四人の審査員の前でビデオが流れ、内容が良ければ珍百景登録のボタンが押され、四人全員が押してくれれば登録になります。いよいよ放送!! 二分間、あっと言う間であった。全員が登録ボタンを押してくれました。

放送が終わると、友人、親戚等より、電話が鳴り続いた。

中には同級生からの電話!! 「幸、お前、奥さんをもらい替えたのか?」と聞かれて、いや、昔の女房だよ!!（ピーンときた。我が妻も二、三十年前しか知らない人から見たら老けてるので）そのような質問が来たんだな!! と。再度年を取ったことを深く知らされました。

全国放送のテレビに出演したのは、これだけじゃありません。前回は焼ちくわ機を改良して万能焼き機にして、道の駅、イベント等に、おなじみの機械を作った人の紹介で全国放送!!

地方テレビ放送は、数回あります。何故このようにテレビ、ラジオ、新聞といったマスコミに取り上げられる回数が多いのか自分でも不思議に思います。

どうしてなんでしょう!! これも奇遇偶然奇蹟の中に登録!!

72　二宮圭一さんが……冊誌に掲載してくれる

県関係が開催するものづくり王国の展示会が別府市のビーコンプラザであった時（二〇一〇頃だったと思う）、僕が開発した万能焼き機くるくる君を展示しました。お客様はもちろん、展示する業者の数も多かったと記憶しています。

僕の作品を見た時に名刺を交換した大分合同新聞社の取材かと思っていたが、別府少年少女発明クラブの教室で取材を……。

その当時のクラブは、別府流川にあるＮＴＴ別府支店の六階にあった頃で、いろいろと話が進んだ。結局、大分合同新聞、他数社で発行している『月刊セーノ！』に載せることになった。その時にお話をしたことを、どのようにまとめて載るんだろう？　楽しみでした。毎月一日に発刊しているので、手に入れてページをめくると、三ページにわたり、また記者の手書きの絵までそえて、タイトルの閃きの飾り枠の真ん中には「人、発明家幸治男さん」と、書かれて載っていました。

僕の子どもの頃の思い出や、いろんな発明した物まで紹介されていました。

こんな形で本に載るなど、普通の人には経験できないことと思い、ここに紹介することにしました。なんとラッキーなことですね。

月刊誌に載るのは初めてですが、地方新聞等では、かなり大きく取り上げられ、過去数回は軽く載せていただきました。

万能焼き機くるくる君（とうもろこし、ちくわ、焼いも他）の機械販売開始の時、発明音頭のＣＤ販売（作詩、作曲）の時、別府少年少女発明クラブ運営三十年（ボランティア）の時、人の紹介で大きく、時の人の閲覧等々載せていただきました。

この年になり過去を思い出すと、数多く取材されていることがわかりました。

これは奇遇でしょうか？　奇蹟かな!!

73　高校時代、運動会の出来事

中学時代から仲が良かった友人、阿部喜朗君とのからみ。高校はクラスも違い、彼は進学クラス、僕は就職クラスで、あまり行き来はありませんでした。

三年生の運動会の出来事です。

運動会が始まり、全校生の行進が始まる。入場口に並び全校が赤組、白組に分かれ、戦うことになっている。昨年の優勝赤組が優勝旗を団長が持ち、副団長がその次に並びます。

僕は、赤組の副団長であったので団長の後へ。すると白組の副団長が僕と仲が良かった阿部喜朗君で、僕と一緒横に並んだ。その時まで、白組は誰が団長で副は誰か、全く知りませんでした。お互いにびっくり（これも偶然である）。「おお」「おお」と挨拶をし、別に話しもできず、行進は終わった。赤白の応援練習も、どこでしているか知らない状態。

僕はこの頃からアイデアをよく出し、出初式で見る梯子登りをやろうと声がけした。大きな太鼓の音で僕一人が全校生徒の視線を浴びながら、赤組の中央前で五、六人で支える梯子の天辺まで一気に登り、笛を吹く!! 応援の指揮を執り（一瞬静まり返る）、いわば、スター的なパフォーマンスをやった!! それから応援合戦が始まる。

その梯子の上段から「赤組、必勝」の看板もその当時の僕の自筆であります。

応援団が着ている服装と違い、赤いハッピを特別仕立での目立ちがりやのオッチョコチョイである。当然、他にもいろいろと合戦内容に細かいアイデアを入れての演出で、僕自身よくやった。みんなもよく動いてくれた、と自負と感謝。

最終的には、運動会終了時に赤、白の点数が出る!! 赤組が優勝であった。

卒業後は、彼は大学へ進学、僕は就職と、人生の別れ道で、彼は高校教師で帰ってきた。僕も大阪に就職していたが、別府に帰り別府ロープウェイに就職していました。彼は、別府大学所属高校で教鞭を執り、またまた同級生の好みで昔のように仲良くなりました。

阿部君の姉と、僕の家内は、僕と知り合う一年前、バス会社の上司と部下の関係であったこと、結婚が決まってからの後の話で聞き、お互いにびっくりしたことを、思い出します。

阿部君の姉さんまで巻き込んだこの偶然話、縁の不思議さに解釈できないことを思い知らされます。

74　重野安正氏（旧社民党幹事長）政治家のきっかけ
――僕の義弟

僕が勤務していたロープウェイをやめて、一～二年過ぎた頃（昭和四十七、八年頃の出来事であります）。大分市春日町に、㈱ユキ商事を設立した頃、最初は近鉄時代の先輩であるMさんと協同で事務所を借りていた頃だったと思うが、そのMさんの知人が、事務所によく出入りしていました。その知人の名前は、仲道さんという人で、頭は丸坊主で足が悪くいつも自転車で我が事務所に遊びに来ていました。

僕が二十九歳の頃と思うが、家内の妹が県庁職員と結婚しました。その当時の彼は、農業普及員をしていたと聞いている。

しばらくすると、組合専従員になったと聞きました。話は戻るが、仲道さんは、その当時県庁の食堂を奥さんがしていたと聞く。県庁の組合から県議になっている村山富市さん（旧総理大臣）の家が近くでよく知っていて、仲も良いと自負していました。

我が事務所に遊びに来た時、仲道さんに義弟が県の組合の専従になったことを伝えました。

同じ組合で働くのなら、県議にでも立候補して頑張ってもらいたい、と僕は思っていました。

村山県議をよく知っているのなら、僕の義弟が県議でも立候補したいと言っていると伝えてくれませんか？　重野本人には何も聞かずに、と仲道さんにお願いしました。

それから数日後、僕の事務所に来て、「村山氏に、くれぐれもと頼んできたよ」と言われました。僕は、立候補は無理でも、同じ事務所である。何かと目をかけてくれるだろうと、軽い気持ちでいました。それから、過ぎた日は覚えていませんが、今度村山氏が県議をやめて、国会議員に立候補する、その後釜に重野安正が立候補すると聞きました。〝おっ〟仲道さんも嘘ではなく、ちゃんと村山さんに伝えてくれていたことが、はっきりわかった。僕の内心は嬉しく、義弟が県議に立候補するなんて、僕のできないことをしてくれる、喜びを感じていました。

何かの時、親族が集まり、酒を酌み交わすことがあり、その話を、安さんにしてみました!!

村山さんから呼ばれ、お前は立候補したいと言っているらしいが、ほんとうか？　と言われびっくりした、と本人は言っていました。

それは、僕が仲道さんにお願いして、伝えてもらったんだ‼　と、安さんには言いました。苦笑いで……。

いらぬお世話で、政治の道へ進むようになり、県議を経て、国会議員になり、社民党の幹事長までなり、脳梗塞を患《わずら》い政治から遠ざからざるを得ない状態で、……数年闘病生活をし、昨年逝ってしまいました（二〇二一年）。

僕は彼に対して悪いことをしたのか、自分でも悩んだこともありましたが……。

妻からは、そんな話は絶対に言わないことと釘を刺されているが、彼も逝ったことなので……

逝去時の式で、妻（義妹）、息子・娘を見ても、お父さんは偉大であったと思う表情から、安心して後姿を見守りました。

四国土佐藩祖・山内一豊の妻お千代を思い出させる話であります。

まさか、ほんとうに政治家になり、国会まで行けるなど思いもしなかったが、良かったのか、悪かったのか、天の裁きに任せることにして、この話は締めます。

75　ネズミの恩返し

この体験話は苦笑いを何度もする話、今から二十五年くらい前の出来事です。

妻が主で働いている所で、大分県由布市湯布院に水分峠《みずわけ》という名の大分県から福岡県へ、熊本県へと行く分かれ道、三叉路で、別府ロープウェイが経営している水分レストハウス（峠の茶屋的）という大きなドライブインがありました。

よく賑《にぎ》わう所でそこの軒先を借りてファーストフードの店を出していました。

土、日、祭日は、僕は手伝いに行っていました。

朝準備をしてた時の出来事で……

包装袋を棚の上からおろしたり、食材を冷蔵庫から出したり、フライヤーに灯をつけ、油を温めて、一段落し妻が入れてくれたコーヒーを飲んで、お客が来るのを待つ状態。コーヒーを飲み干す寸前、コーヒーカップの底を見詰めて、口元までカップを運んだ時、カップの底に、黒い粒のような物が目に留まった。口元から離し、カップの底にあるコーヒーを再度のぞき込む、カップを振ってみるがコーヒーの粉の固まりじゃない。何だろうと、一呼吸する間、ピーンと頭にきた。ネズミの糞？

コーヒーを飲むのをやめ、妻に見せる。

妻も、まさか？　と、僕の言うことを打ち消そうと……したが、僕は確信した。

早速、棚に積んだ包装袋の上を覗こうと、腰掛けの上に上がり、袋の上を右左見ると、他の場所にネズミの糞がパラパラと見える。ネズミがいるよ!!　店を閉店して帰った後は、ネズミの天下だ!!

食べ物は、出しておかれない。全部冷蔵庫内に、と妻と話した。

忙しくなる前に湯布院町の金物屋へ。ネズミ捕りを買うため（籠式を昔、子どもの頃故郷で使用していたことを思い出し）、車で十分走らせ町に行く!!

昔と違い今はそんな物を売っているだろうか？

金物屋を見つけ、ネズミ捕りはありますか？

すると「これですね」と出してきた籠式の昔ながらのネズミ捕り、一個買い求めて、妻の店へ帰る。

その日も終わり片付け掃除、さあ!!

ネズミ捕りの仕掛けを準備設置して妻と帰る。次の日、(日曜日)少し早目に出勤。僕は車から降りて、仕掛けた場所へ急いだ。

案の定、一匹大きいネズミが籠に入っていた。妻に見せた。わー……やっぱり、と納得したみたい!! 籠を隅に置き、いつものように準備にかかった。やっと、準備が終えて、捕まえたネズミ捕りの中のネズミを覗きに行くと、籠から逃げ出したく、鼻の先を金網で擦り剥いて、血が出てる。僕が上から覗くと、僕に向かって威嚇《いかく》し、下から、金網を突き上げる。よくよく見ると、目がとてもかわいらしく、やさしい目をしている。

その目で下の籠の中から僕を見上げている。

そうか!! ネズミを処分をしなければならない。

すると、レストハウスの店員が処分してきてあげると言うが……僕は、何とも言えず、籠を車のトランクに積み、妻に「逃がしてくる」と伝え、僕もその店から逃げるように車に飛び乗った。

車を走らせて峠を下っていると、左側に車が一、二台停められる雑木林の入口を見つけた。急いで車を突っ込み、ネズミの入った籠を持ち上げ、ネズミにお別れの挨拶をした。ゴメンヨ!! この山で一人で生き抜いてくれよ!! と心で叫んだ。籠を車から一、二歩先に、草と背丈の低い雑草があるあたりで、籠の出口を開けてやると、チョロチョロと、二、三メートル先まで逃げた。その先は少し草の背が高いのが茂っている手前で止まり、体はそのままの方向で振り向いて、僕を睨《にら》みつける。僕は、その目を見て恐くなり、急いで車に乗る。再度ネズミを探したがネズミは草むらの中へ姿を消していた。帰りながら車の中で、ネズミが僕を睨《にら》み付けたように見えたが、普通だったら、そのまま一目散に逃げるだろうに、何故だろう？　普通だったら逃してくれてありがとう‼　と言うが、ネズミは何の意味か、あの目は？　と一人で想像しながら、店へ急いだ‼

次の日は、平日なので妻に頼み、僕は自分の会社へ。

次の日もネズミは捕れたらしく、帰る時に逃がしてやった。その日はネズミ捕り籠は一台しかないため設置できず、これでは捕獲率が悪いため、籠を買い足し、二台設置して帰る。

次の日も二台の籠に二匹が捕れた‼　絶対に殺さず、妻に「逃がすんだぞ‼」と強く言い実行してくれたようだ。

よく考えると三台必要‼　三台にして、三匹捕れると他の籠に移し、二台の籠で三匹を逃がし、次の日は一匹と、交互にして、毎日捕れた。それが二週間くらい過ぎると、一匹しかかからない日が出てきた。

約一カ月続くと、一匹も捕れなくなった。

すごい数になる逃げたネズミは、山の中で生活できているのかな……

その水分峠のレストハウスも現在閉店している。赤字ではないが、何故店を閉めたのか？

僕たちの店も閉めざるを得ず閉めた。店も解体され更地になっている。


年に一、二度、その峠を通ることがあります。通るたび、あのかわいらしいネズミの目で僕を睨む目は、二十年以上過ぎた今日でも忘れることができません。

その話を友達に話すことがあるが、その友達らは、ネズミの恩返しがその内にあるよ!!と、笑い話になる。その逃した場所を通過する時は、車のスピードをゆるめ、昔を車内で思い浮かべて通過する僕です。

笑ってやってください。

過去いろいろな奇遇偶然を体験してきましたが、このネズミの恩返しの体験のようなことは、普通の人は、バカじゃないか？　と、思われるかもしれませんが、僕の心が許さないんです。

ハッピーな奇遇偶然が起こると、自分勝手に、ネズミの恩返しだよ‼　と静かに、思っています。

76　終わり良ければ全て良し

東京で少年少女発明クラブの全国会議があり、大分（龍堂）、別府（幸）、杵築（阿部）の三人で出発!!

羽田からモノレールで浜松町駅で下車、山手線に乗る予定で僕を先頭に、三人が駅内を歩き始めた。階段から降りると、左側も右側も、山手線がいた。左側のが間もなく出発、これに乗ろうと、僕が飛び乗った。ドアがすぐ閉まった。後の二人は、取り残されてしまった!!

もう、どうしようもありません。次の駅で降りて、バックしようか考えた。車内の案内に耳を澄ますと、我々がいつも乗る電車の反対回りに乗ったようだ。ぐるぐる回っているので、虎ノ門に近い駅で降りて行こう、と自分で決めて、耳は車内放送に集中!!　どこで電車に乗り換えたか思い出せないが、虎ノ門駅に着いた。ここからは、発明協会までは徒歩である。スマホの時計とにらめっこで、開始時間まで後何分あるか、確かめる。階段を登り詰めると、パッと、ビル街の別世界が目に飛び込んできた、少し歩くと、大きな交差点がある。確か、この交差点を渡ったような記憶が蘇る。少し気が焦る。信号は赤なんだろう、十数人の人々が信号の変わるのを待っている。その人たちの後ろで、僕も待った。前を見ると、一人二人先に見覚えのある白髪まじりの頭が見えた、その隣りにも見たことのある頭が。

あっ、山手線ホームで乗り遅れた二人が目の前にいるではありませんか!!

後ろから、「恒ちゃん!!　龍ちゃん」と声をかけた。振り返る二人もびっくりした様子!!　僕の顔を見て安心した顔のように見えた。信号は青に変わり歩きながら、山手線で取り残された二人のその後の話を聞く。

あれから、僕が乗り換えて、帰ってくるかもしれないと、ホームで二本待ったらしい。それから、二人はどこかの駅で昼食を取り、やっと今ここまで来たよ!!　とのこと。僕は、昼食も取る暇もなく、たった今、ここに着いた。

その日は僕は昼食抜きとなりました。

年に一度しか来ない東京!!　西も東もわからぬ者同士の珍道中。

お互いに心配し合っての旅です。時間を申し合わせたような、再会。

これも僕にとっては偶然話の一つです。

77　あの世を覗いてみましたが、何も見えなかった!!

令和四年二月十六日の夜の出来事です。

我が家は、二、三十メートル離れた場所に、町内の有志で造った共同温泉があります。その温泉の十時三十分の施錠担当を仰せ付かり、毎日、施錠の時間に入浴することにしている昨今です。今夜も施錠に、家内と二人で入浴場に行った。外は、風が強く、小雪が降ったりやんだりのとても寒い夜です。家内は女湯、僕は男湯へ、更衣室で衣服を脱ぎ、一メートル下にある湯船へ急いだ。施錠の時間帯は入浴する人もなく、隣りの女湯の妻と二人きりで壁越しの会話。「おーい!!　男湯は熱いぞ!!」寒いので入浴者が少なく、湯の元栓がゆるいため、熱い湯が少しずつ湯船に入っていたんだろう。水道を捻る、……水が勢いよく出るが、天井の蒸気抜きの隙間から風が容赦なく吹き込んでくる。あー寒い。湯船の縁で、寒いのを我慢して、手で湯加減を見ながら、我慢!!

一、二分過ぎただろう、足先を入れてみる。熱いのを我慢して、少しずつ沈む、やっと肩まで、沈む。熱さが皮膚を刺す。息を止めての我慢、三、四分、湯船の中に入っていただろうか、湯船から出る。自分の体を見ると真っ赤になっている。体を洗ったかどうかは記憶はないが、もう一度湯船に入って体を温めてから上がろうと湯船に入る。肩まで沈んでみるものの、何となく気分がすぐれない。一、二分沈んでいただろうか、すぐ上がり更衣室へ、ベンチに腰を下ろしました。

それから先の記憶がありません。耳元で妻が、「救急車」とか、息子の名前を呼んだりする声がしているのに気づきました。

僕の体を抱き締めて、ベンチに横に倒れないように食い止めている。

救急隊員のお兄ちゃんが風呂に入ってきた。僕も、みんなの話がはっきりと、理解できるようになった、我が家の近くに住んでいる孫と、その下の孫も風呂場の更衣室にいた。救急隊員の兄ちゃんに、「もう大丈夫大丈夫すみませんでした」と、元気になった様子を見せるため、声も大きく丁寧に挨拶してみせた。

少し落ち着いた頃、服を着て、みんなで我が家へ帰る。

すると、別府市内に住んでいる二男坊夫婦も我が家へ駆け付けてくれました。

今思うのに、僕の親族の伯父も田舎の五右衛門風呂で浮いていたらしい。

　また、僕の友人（二十歳年上）も自宅の風呂で湯船に浮いていたらしく、そして一年後にも、その奥さんも同じ風呂で死んだそうな。

　僕もあの時、少し気分がすぐれず、湯船から上がって更衣室まで行ったので、溺れ死なずに済んだが……また、隣りの女湯に我が妻がいたこと、妻に聞くと、風呂から上がったヨ!!　と声をかけるが返事がなく、何度となく声を出したが返事がないため、女湯から男湯へ来てみると、ベンチの上で頭が斜めに傾き、死んだようになっている姿を見て、びっくりしたそうです。

　救急車を呼ぶ前に、近くの孫に電話したそうで、それから救急車（一一九番）に電話をしたらしく、その間は、僕は全く知りません。運が良かったとしか言いようのない出来事であります。風呂で死ぬ時は、気が遠くなり苦しみもなく死ぬのだろうか？　湯船で死ぬ時は？　などと想像するばかりです。

　人生って、いつ何が起こるかわかりませんね。またまた妻には頭が上がらない出来事になってしまいました。我が妻（美智子）ありがとう!!

　この共同温泉で、二度の偶然が発生しております。（No.12に載せました）

78　友人の息子（会社の社長）に似た人が……東京にいるなんて、目を疑う!!

毎年行われている少年少女発明クラブ全国会議。平成二十九年九月、毎年のように大分のクラブ会長龍堂勝彦さんと、杵築少年少女発明クラブ会長阿部恒次さんと僕の三人で、会議に出席のため、東京に向かった。いつものコースで新橋駅で降りたが、会議は二時からである。昼前に着いたため、新橋駅前の喫茶店でコーヒーを飲むことにした。その喫茶店は二階である。

コーヒーを三人で飲み始めて間もなく、お客が二階に上ってくる足音がする。我々のテーブルの横を二人の男性客が通り抜け、隣のテーブルについた。

通り抜けた瞬間、どこかで見かけたような若い人である。少し時間を置いて、隣りの席の客を、部屋全体を見る格好をして再度見てみる。やはり見たことがある人だ。さて!!誰だったか？　一分間くらい思い出せない、ふと思い出した。僕が尊敬している㈱萬洋の宮崎文男会長の息子（社長）だと、ひらめいた。しかし別府から東京へ？　まさか？　ジロジロ見るわけにはいかず、しかし、気になります、思い切って、僕が席を立ち、その彼のテーブルへ、すると社長もびっくり、僕の顔を見る。

思わず驚いた声で、「あれ!!　まさか、こんな所で、会うなんて」と二人とも笑顔!!　変な所を見られなくてよかった!!　と冗談を言って、発明の会議に来ていますと挨拶代わりに言って席に戻った。

東京の新橋で、別府の人に会うなんて、よほど縁があるんだろうなーと、コーヒーを飲む時間考えました。

一緒に飲んでいる二人に、別府の人で友人の息子であることを説明をし、最後に、どうしてこんなに偶然が多いんだろう!!　と付け加え、二人に実感を共有してもらった。

たぶん会社に帰り、社員に言うだろうなーと、その時の雰囲気が想像できた!!

79　少年少女発明クラブ九州ブロック会議　沖縄での出来事

一年に一度、持ち回りの九州ブロック会議が沖縄でありました。平成三十年一月二十日、杵築少年少女発明クラブの阿部恒次先生と、大分少年少女発明クラブの龍堂勝彦氏と、僕とで沖縄の会議に出席、会議終了後の三人での沖縄の街散策、小雨が降ったりやんだりの天気でした。ファミリーレストランで三人が雨宿り気分でコーヒーを飲みながら、相談していました（国際通り）。十分くらい過ぎた頃、僕たちのテーブルより一つ二つ奥のテーブルのお客さん（男性）が、僕たちのテーブルへ来て、僕に名刺を差し出しながら、向こうから見て、後光が差しているものですからと話しかけてきました。名刺を差し出してくるものですから、僕も名刺を先方に渡した。幸神社の名刺を食い入るように見て……「おおっ」と、大声で、「やっぱり!!　宮司さんでいらっしゃいますか？」

その大声に圧倒され、いやいや、まだ社殿もない神社であります、と切り返した。先方の名刺には「下地博明」と記され、七十歳くらいの方です。

社殿を建ててください、寄付します、十億ですか、十八億くらいなら寄付いたします、と、また大声で言う。そのやり取りの様子を見ていた友人（阿部氏、龍堂氏）の姿が目に飛び込んできました。

コーヒーカップを口に近づけたままの姿で手も動かず、二人の姿は、時が止まっているように見えます。

僕も、こんなバカげた話を真面目に聞くだけでも頭がおかしくなりそうだが、相手（下地さん）はまじめな顔で、近くに他のお客さんたちもいる場所なのに、何にも怖気ず堂々と話すものですから、僕も真剣に返答に応じて、よろしくお願いいたしますと頭を下げて、その場を早く終わらせた。

下地さんも用事があるようで、その場を離れた。一緒にお茶でもと、内心思ってもみたが、話が極端すぎるので、それで終わった。

世の中には、大変な人もいるものですね。このような経験は初めてで、内心びっくりしたのが正直なところです。

それにしても、大きく出たものですね。十数億円の寄付とは……。

僕も椅子に座り直し、阿部君、龍堂さんの顔を覗き込んで、感想を聞いてみました。「よくも、あんな変人相手にまともに話ができるもんだね!!」と言われ、突き返すわけにも、いかないじゃないか？　と返事をする、そりゃそうだけど!!　と二人共、「同じホラでも、大き過ぎて、とにかくびっくりした」と、今では思い出話になりました。

時々その話をする。下地さんから、二、三度電話があったことも阿部、龍堂氏に伝えたが、それに対しての返答はできない。

一、二万円の寄付は聞き慣れてはいるが、十数億円の寄付など我々の住む世界が違う聞き慣れない話。

この話も過去八十年で初めてである。幸せな話、真夜中の釣りの話と、この話はあえて書きました。笑い話の奇遇として、笑っていただきましょう。

この笑い話は、今でもくっきりと、あの時の光景がはっきりと目に焼き付いています。

皆さんの中で、このような話を体験された方は、いらっしゃいますか？

今後、２、３年に一度くらい、皆様からの体験談を、取りまとめて、実話集として出版したいと思っております。

おもしろい奇遇偶然の体験された方は、当方まで御投稿いただければ、幸いに存じます。

あくまで、幸福の奇遇偶然に限ります。その時の資料があれば添えて、御投稿お願いいたします。審査し、掲載できるか決めたいと思います。どうぞよろしくお願いいたします。

80　出雲大社の宮司さんとの出会い

今から二十三年前のことになりますが、少年少女発明クラブの全国会議が島根県出雲市であるため、僕は出席しました。会議では、いつもの顔見知りもいれば、初めての人もいました。百五十人～二百人で議事が進められ、会場別室で夕食兼懇親パーティーがありました。立食パーティーで十人ずつが各円卓を囲みました。食べ物を皿に取りに行きビールを飲む、ありきたりの風景です。

隣り同士で名刺交換、故郷の話とクラブの活動情況から世間話と、話題が移る。

よく見ると、名札が「出雲大社宮司」となっている。

隣り同士の好《よし》みで話が弾む。「別府には朝見神社の八〇〇年祭に行きましたよ!!　その時、司会をさせられましたよ!!」と話す。千家さん、「そうですか?」と返す。僕は出雲大社の大きさなどは全く知らず一視同仁の心で「別府に来てくださいよ!!　地獄めぐり等、ご案内いたします、大分県は観光地が多いので、どこでも御案内しますよ!!」と話が弾み、ずーっと以前からの知り会いみたいな感じで、肩を叩いたりしながらの会話を続けた。僕は他の席には回る暇もなく彼との話が続きました。終了時間の知らせで、各々は自分の泊まる部屋へと分かれて行き、僕も宮司さんに別れの挨拶をして、部屋へ。

翌日、ホテルからバス四、五台に分乗して、出雲観光に出発!!

まず、出雲大社でバスは止まりました。僕たち全員に首から吊りさげる半袈裟を貸していただき、長い廊下の両側に整列、廊下中央には赤い毛氈が廊下の長さ五、六十メートル敷かれている。その奥の方から頭には神主さんの烏帽子《えぼし》をかぶり狩衣《かりぎぬ》をまとい、手には笏《しゃく》、足は麻沓《あさぐつ》をはき、五、六人の神官さんたちが歩いてきます。我々全員も頭を下げて、映画のシーンで見たことがあるが……。

先頭の人がだんだん僕の前を通過しそうになった時、なんと、先頭を歩く神官さんが、僕と一緒に酒を酌み交わした人!!　出雲大社の宮司さん、僕と目が合い、目と目での挨拶!!　少し微笑んでくれました。ましてこんなにデッカイ神社の宮司とは知らず、大変な失礼をしたわけです。通過後秘宝館の部屋へ案内され、すると二階吹きぬけの掛け軸が横幅2メートルくらい二本下がっていて、一本は天皇家の家計図、その隣には出雲大社の家計図があり、一番最後には、天皇家は平成天皇のお名前、出雲大社の方は昨夜名刺を交換した千家さんのお名前が……どん、と印されている。

夕べ僕は、なんと失礼な事をしたんだろう!!

後悔先に立たずです。

僕が出雲大社の宮司に一緒に飲みに行こうと誘っても、見知らぬ人、僕からお願いしても会ってくれるような人ではない高き所の人。その人と、一緒に肩を叩き合っての親しい飲み会、なんと奇遇な、ハッピーな出来事なんだろう。天は必要あって僕を会わせたんだろう!! その必要は何か、僕には解けませんが、……ラッキーな偶然の出来事でありました。


その後、大分の友人家族と観光ツアーで出雲大社が入ったコースの旅がありました。

観光バスで参るため時間はなく、いくら宮司と面識があっても、会うことなどできません。

一本横の道は土産品店が並んで道幅も狭く、黒塗りの車が神社から出てきて、我々通行人は両端に分かれて車の通るのを待った。僕が車の窓ガラス越しに覗くと、室内の暗い中、後部座席に宮司が座っていた。声をと思ったが、車もみんなの迷惑になると思ったのか、速くなり、アッという間の出来事でした。宮司の顔を見た僕も、車のガラスに顔を近づけたので、宮司さんが見てたら、どこかで見たことのある人やなーと思ってくれているでしょう！　一瞬の出来事の偶然です。

たまたま旅に行き、宮司さんに会ってみたい気持ちは大いにあるが、そんなことのできる時間もない旅。ならば、宮司さんから出てきて、僕の前を通り顔を見せてくれる偶然!!

これもまた、一体何のための偶然でしょうか？

その後、幸神社が創建されるが、幸神社と何らかの関わりを持たせる意味合いか？　などと、大それたことを考えさせられる昨今であります。出雲大社は、縁結びの神、福の神として名高い。幸神社も、幸《しあわせ》の神。

結びつく話であります。

81　矢羽田光氏との出会い

僕の長男が僕の事業を継いで現在も運営している、ちょうどその頃、僕は大分ベンチャー協議会に所属していました。

そのメンバーの中に、矢羽田光《ひかる》という、朝日警備保障㈱の会長がいました。

仕事面から夜の飲み会まで、月一回は遊んでいました。ある時、その飲み会で息子の話になり、お互いに息子への不満を……（光さんと年令もあまり差がなく、持つ子どもも同じ年代のようである）酒のつまみに……。

と、ある飲み会の時に、光さんが「我が息子と、幸さんの息子は、大学時代の友人で、幸さんのことも（息子同士で話し合うんでしょう）よく知ってたよ!!」と言うじゃありませんか?「えー」僕もびっくり、光さんも驚いていた。

どこで、どのようにつながっているか、わからないなー、とその夜も、いつもの酒よりも、グーッとおいしい酒になった記憶があります。

その次の日、我が息子に電話、その報告をすると、何度か我が家にも遊びに来ていて、母も知っているとのこと。知らぬは男親同士だけ、ということで交際も深くなりました。子どもたちがもたらす〝力〟もすごいものですね。

82　恩師・岩尾明先生との再会

小学一年生の夏になる前の出来事です。授業中に便意を感じた僕は「先生、便所！」と言って教室を飛び出しました。目指すトイレは踊り場を経て渡り廊下の向こう。必死に走りましたが、間に合わず、走っている最中に大便がパンツの中に一気に出てしまいました。その後のことで覚えていることは、足洗い場で担任の岩尾明先生から水をかけられ、洗ってもらったことだけです。

岩尾先生は二年生になっても担任だったかどうだか、記憶がはっきりしません。小学校だけで六回も転校したので、記憶がごちゃごちゃになっているのです。

しかし、小学校卒業までの六年間と、中学・高校の合計十二年間は一日も休まなかったので皆勤賞をいただきました。このことは孫たちに威張ることができる自慢のタネです。

それから四十五、六年過ぎた頃。僕は大分県民演劇の団員の一人になっていました。年に一本ですが、大河ドラマ的な劇を毎年演じていました。その中に僕の故郷である杵築を舞台にした「蛍雪酢屋の坂」というタイトルの劇があり、僕たち団員は練習を重ねていました。

　公演が近づいた頃、杵築市民会館で公演することになりました。といっても、それは劇団の中で決まっただけで、杵築市と交渉して許可を得たわけではありませんでした。杵築市民会館で公演するには、杵築市教育委員会から許可をもらう必要があります。そこで、劇団員の中から交渉役を選ぶことになり、僕を含め三人が選ばれました。僕が選ばれた理由は、杵築が僕の故郷であるからです。

　そんなわけで僕たちは杵築市役所の教育委員会へ出向きました。まずは教育長への挨拶です。教育長室へ通され、挨拶をするやいなや「幸君じゃないか！」と教育長がおっしゃいました。僕は忘れていましたが、とりあえず「はい……」と返事をしました。

　交換した名刺を再確認しましたが、岩尾明という名前を見ても思い出せませんでした。すると「俺を忘れたか？」と岩尾先生。僕は返事に困っていました。ほかに劇団員が二人いたので、先生はそれ以上のことは何もおっしゃいませんでした。

　一通りの挨拶を済ませ、帰りの車の中でようやくピンときました。「あのハゲチャビンの岩尾先生だ！」と思い出したのです。同時に、大便をしかぶった（排泄を失敗したという大分弁）ことを思い出しましたが、すでに帰りの車の中でした。

子どもの頃に迷惑をかけたお詫びをと思いましたが、結局どうすることもできずに帰ってしまいました。おそらく先生はそのことがあったので、僕のことを覚えてくれていたのでしょう。それから十年くらいが過ぎた頃、岩尾先生が他界されたと聞きました。「ああ、あの時、先生のことを思い出していれば……」。今になっても悔やまれてなりません。

変な偶然、ほんとうに申し訳ありませんでした。

先生のお墓に、あやまりに行こうと思っています。

83　最後に

この本の出版に際し、山内光生先生とＳＫさんには、大変お世話になりました。ＳＫさんは、自宅で音楽教室を開き、学生や老人たちに音楽を教えています。ひょんなことから知り合いになり、僕がやっている少年少女発明クラブの事務局を引き受けていただき、ボランティアで十年以上お世話をいただいた方です。月に一、二回行事の報告に行っていました。その間に僕は、偶然な出来事が多く、今度はこんな偶然が発生しました、と発生するたびに話をしていると、「その古い偶然を忘れてしまわないうちに記録に残して、本にしては？」と、何度も言われ、メモを取るようになりました。

過去に起きた偶然を思い起こしては、メモを書く習慣にしていただいたこと、ほんとに感謝しています。この方との出会いがなかったら、この本はありません。

また、山内光生先生は、最初の知り合いは業務上での取り引き（僕が看板、広告の仕事をしていた五十年前からのお付き合いで、気心を知った仲）で、大分市内の健康ランド、ホテル、山内食糧……等々の事業を展開している若手の事業家でありました。僕より三、四年先輩で、事業のやり方を教わっていた、僕にとっては、いわば事業の先生であります。

僕も事業を息子に渡し、年金生活で余生を送っています。

僕の出版の夢を先生に話してみました。

するとその原稿を見せろと言われ、お見せいたしました。

大変気に入ってくれた記憶があります。

ところが、なかなか僕が出版しないため、いつ頃かと急き立てるものですから、年金の中からでは……と言い返すと、この出版費用の三分の二を出してくれることになりましたが、その金額はバイトをして返すつもりです。

ということで、やっと出版に漕ぎ着けたわけであります。

この二人がいなかったら、この奇遇偶然の本は、世に出ておりません。

これも僕の幸せの偶然の一つということになります。

そして、この本の原稿を三分の二ほど書いた頃、青山学院大学でインターネットマーケティングの教鞭を執られている八木龍平先生の著書『成功している人は、なぜ神社に行くのか？』を拝読させていただきました。

神社に参拝するように人と接すると、その人に神さまが降りてくることがあります、と書かれています。

自分に置き換えてみますと、幸せな奇遇偶然の体験をするたび、何故僕だけに!!　と考えさせられることもしばしばで、念ずることによって実現できた事実、それは神が降りてきてるということだったんですね。読者の皆様も神がいると信じることですね。

信じている人は裏表がなくて誰もみていなくても神様が見ていると思うから、相手にやさしく接して、悪いこともできなくなる。その心で人生を生き抜くことをお勧めいたします。

ああ、もう一つ書き添えますが、この本の原稿を締切後、№75の項のネズミの恩返しの続きが発生しています。

沖縄の下地さん（№79の沖縄で声をかけられた人）からの依頼で（土地の件）京都の不動産屋さんからの図面が送られてきました。どうも僕がネズミを逃がした場所のようです。

どのように発展していくのでしょうか、楽しみです。

著者プロフィール

幸神社（ゆきじんじゃ）

本名　幸 治男（ゆき はるお）
1942　満州国奉天（瀋陽）生まれ
1960　大分県立杵築高等学校　卒業
1962　別府ロープウェイ㈱　入社
1972　株式会社ユキ商事設立
1978　大分県発明研究会設立（ボランティア）
（現在は大分県発明協会分科会）
1983　大分少年少女発明クラブ設立（ボランティア）
1992　別府少年少女発明クラブ設立（ボランティア）
2014　幸神社誕生

発明関係の会は現在も続けています。

一気に読みたくなる本

幸神社の宮司が語る奇遇偶然奇蹟の実話集

2023年３月15日　初版第１刷発行

著　者　幸神社
発行者　瓜谷 綱延
発行所　株式会社文芸社
〒160-0022 東京都新宿区新宿1－10－1
電話 03-5369-3060（代表）
03-5369-2299（販売）

印刷所　株式会社晃陽社

ISBN978-4-286-27070-8

郵　便　は　が　き

料金受取人払郵便

新宿局承認

7553

差出有効期間
2024年1月
31日まで
（切手不要）

1 6 0-8 7 9 1

141

東京都新宿区新宿1－10－1

(株)文芸社

愛読者カード係 行

お名前《ふりがな》		明治　大正 昭和　平成　年生　歳	
ご住所《ふりがな》	□□□-□□□□	性別 男・女	
お電話番　号	（書籍ご注文の際に必要です）	ご職業	
E-mail			
ご購読雑誌(複数可)		ご購読新聞 新聞	

最近読んでおもしろかった本や今後、とりあげてほしいテーマをお教えください。

ご自分の研究成果や経験、お考え等を出版してみたいというお気持ちはありますか。

ある　　ない　　内容・テーマ（　　　　　　　　　　）

現在完成した作品をお持ちですか。

ある　　ない　　ジャンル・原稿量（　　　　　　　　　　）

書　名			
お買上 書　店	都道 府県　　　　　　市区 郡	書店名	書店
		ご購入日	年　　月　　日

本書をどこでお知りになりましたか?

1.書店店頭　2.知人にすすめられて　3.インターネット(サイト名　　　　)

4.DMハガキ　5.広告、記事を見て(新聞、雑誌名　　　　)

上の質問に関連して、ご購入の決め手となったのは?

1.タイトル　2.著者　3.内容　4.カバーデザイン　5.帯

その他ご自由にお書きください。

(　　　　　　　　　　　　)

本書についてのご意見、ご感想をお聞かせください。

①内容について

②カバー、タイトル、帯について

弊社Webサイトからもご意見、ご感想をお寄せいただけます。

ご協力ありがとうございました。

※お寄せいただいたご意見、ご感想は新聞広告等で匿名にて使わせていただくことがあります。

※お客様の個人情報は、小社からの連絡のみに使用します。社外に提供することは一切ありません。

■書籍のご注文は、お近くの書店または、ブックサービス(0120-29-9625)、セブンネットショッピング(http://7net.omni7.jp/)にお申し込み下さい。